行为视角下城市公共交通
客流分配演化及应用

曾鹦 著

西南交通大学出版社
·成都·

图书在版编目（CIP）数据

行为视角下城市公共交通客流分配演化及应用 / 曾鹦著. -- 成都：西南交通大学出版社，2024.8.
ISBN 978-7-5774-0056-3
Ⅰ.U491.1
中国国家版本馆 CIP 数据核字第 2024VT5247 号

Xingwei shijiao xia Chengshi Gonggong Jiaotong Keliu Fenpei Yanhua ji Yingyong
行为视角下城市公共交通客流分配演化及应用

曾　鹦　著

策 划 编 辑	周　杨
责 任 编 辑	周　杨
封 面 设 计	原谋书装
出 版 发 行	西南交通大学出版社
	（四川省成都市金牛区二环路北一段 111 号
	西南交通大学创新大厦 21 楼）
营销部电话	028-87600564　028-87600533
邮 政 编 码	610031
网　　　址	http://www.xnjdcbs.com
印　　　刷	成都勤德印务有限公司
成 品 尺 寸	170 mm × 230 mm
印　　　张	15
字　　　数	221 千
版　　　次	2024 年 8 月第 1 版
印　　　次	2024 年 8 月第 1 次
书　　　号	ISBN 978-7-5774-0056-3
定　　　价	80.00 元

图书如有印装质量问题　本社负责退换
版权所有　盗版必究　举报电话：028-87600562

前　言

随着城市化的快速推进和交通需求的日益增长，城市公共交通作为城市生命线的重要组成部分，面临着前所未有的挑战，其优化和效率的提升对于城市的可持续发展至关重要。如何优化客流分配，提高公共交通的效率和服务质量，成为了交通规划者和研究者关注的焦点。

传统的客流分配研究多从网络结构和运营管理的角度出发，忽视了乘客的行为决策过程。事实上，乘客的出行决策受到多种因素的影响，包括实时信息、换乘行为、乘客感知和学习行为等，这些因素相互作用，共同影响着客流分配的结果。在此背景下，本书致力于从行为视角出发，深入探索乘客的出行决策过程及其对客流分配的影响。我们期望通过揭示乘客行为背后的规律和机制，为公共交通的优化和可持续发展提供新的思路方法和解决方案，为城市公共交通的优化和运营提供更为全面和深入的理论支撑和实践指导。

实时信息对客流分配的影响不容忽视。随着智能手机的普及和移动互联网技术的发展，乘客能够实时获取公交、地铁等交通工具的到站时间、车内拥挤程度等信息。这些信息不仅影响了乘客的出行决策，还可能导致客流在不同线路和站点之间的重新分配。本书将深入研究实时信息对乘客出行行为的影响机制，并探讨如何利用实时信息优化客流分配，提高公共交通系统的效率。具体而言，针对考虑实时信息的城市公交客流分配问题，建立了基于混合 Logit 模型的路径选择模型，发现该模型不仅能诠释异质乘客选择喜好的随机性变化，还能完全摆脱 IIA 假设的束缚，能更合理、更有效地解释因个体偏好不同而导致的路径选择行为差异，操作性强。

换乘行为是城市公共交通客流分配中的重要环节。乘客在出行过程中往往需要进行多次换乘，而换乘的便捷性和舒适性直接影响了乘客的出行体验和满意度。本书将分析乘客换乘行为的特点和规律，探讨如何优化换乘设施和服务，提高换乘效率，从而改善客流分配。具体而言，针对考虑换乘行为的城市公交客流分配问题，基于广义公交路径定义研究了乘客路径选择过程中涉及的状态-行动空间及状态转移概率，证明了由转移概率得到的路径选择概率与 Logit 配流模型选择概率的一致性，揭示了由换乘引起的乘客路径选择多样化和复杂化的客流分配问题的本质；对于多源单汇、单源多汇和多源多汇的公交路网，不管乘客出行是否需要换乘，该方法均可适用；该研究可作为进一步探讨动态公交客流分配问题的前期基础。

乘客感知是评价公交服务质量的重要指标。本书将从乘客感知的角度出发，研究乘客对公交服务质量的感知如何影响客流分配。通过分析乘客感知的形成机制和影响因素，探讨如何通过改善乘客感知来优化公交客流分配，提高乘客满意度和忠诚度，增强公共交通的吸引力。具体而言，针对考虑乘客感知的城市公交客流分配问题，提出了有限理性视角下的公交用户最优均衡，建立了考虑乘客感知的公交客流分配模型，该模型能有效综合出行时间均值与方差对乘客路径选择决策的影响，可同时考虑乘客的风险偏好、出行时间可靠性、迟到损失等因素对路径选择和公交客流分配的影响，从而能更好地描述和还原乘客基于有限理性决策的路径选择行为。

学习行为是公交系统演化的重要驱动力。本书将研究公交系统中乘客的学习行为如何影响公交系统的演化。通过分析乘客的学习机制和学习过程，探讨如何通过促进学习行为来推动公交系统的持续演化和进步，提高公交系统的适应性和创新能力。具体而言，针对考虑学习行为的日常城市公交系统演化问题，建立了考虑学习行为的路径选择模型，弥补了学习行为对乘客路径选择行为影响研究的不足；从微观层面解释了公交系统动态演化直至广义均衡产生的过程，探讨了乘客路径选择行为和客流分配之间相互反馈的动态平衡机理，可为乘客出行决策行为预测提供有力的理论依据，为公交车辆调度提供动态的流量分布信息。

最后，本书将对国内外城市公交客流分配优化典型案例进行分析，提出基于行为视角的城市公交客流分配优化策略和新发展阶段超大特大城市公共交通优先发展对策，并探讨如何应用这些理论和方法来优化公共交通的客流分配，提高系统的运行效率和服务质量。

本书不仅是对城市公共交通客流分配演化研究的深入探索，也是对行为科学在公共交通领域应用的全面展示。希望本书能够为交通规划者、研究者和管理者提供有价值的参考和借鉴，推动城市公共交通系统的优化和可持续发展。同时也期待与广大同行进行深入的交流和合作，共同推动公共交通领域的理论创新和实践进步。

由于作者水平有限，书中难免存在疏漏、不妥之处，敬请读者批评指正。

作 者
2024 年 2 月

目 录

第一篇 基础理论

第1章 绪 论 …………………………………………… 002

1.1 城市公共交通发展的重要性与面临的挑战 ……………… 002
1.2 基于行为视角研究城市公交客流分配演化的重要意义 … 004
1.3 研究目的与结构概览 ………………………………………… 005
1.4 本章小结 …………………………………………………………… 016

第2章 理论基础与文献综述 ……………………………… 017

2.1 关于城市公共交通优先发展 ……………………………… 017
2.2 城市公交客流分配概述 …………………………………… 020
2.3 城市公交客流分配问题研究现状 ………………………… 043
2.4 本章小结 …………………………………………………… 057

第二篇 理论与创新

第3章 考虑实时信息的城市公交客流分配研究 ………… 060

3.1 实时信息对乘客出行决策的影响机制 …………………… 060
3.2 基于实时信息的客流分配优化模型与算法 ……………… 064
3.3 案例研究：实时信息在客流分配中的实际效果分析 …… 073
3.4 结论与建议 ………………………………………………… 080
3.5 本章小结 …………………………………………………… 081

第4章 考虑换乘行为的城市公交客流分配研究 ………… 082

4.1 换乘行为对客流分配的影响机制 ………………………… 082

   4.2　考虑换乘行为的乘客路径选择 ················· 084

   4.3　案例研究：换乘行为优化在城市公共交通中的实践应用 ·· 095

   4.4　结论与建议 ····························· 100

   4.5　本章小结 ······························· 101

第 5 章　考虑乘客感知的城市公交客流分配研究 ············ 102

   5.1　乘客感知对公共交通服务质量的影响 ············· 102

   5.2　考虑乘客感知的公交客流分配 ················· 104

   5.3　案例研究：乘客感知在客流分配优化中的实践应用 ····· 111

   5.4　结论与建议 ····························· 117

   5.5　本章小结 ······························· 118

第 6 章　考虑学习行为的日常城市公交系统演化研究 ········· 119

   6.1　实证分析乘客出行的学习行为 ················· 119

   6.2　乘客学习行为对公交系统演化的影响 ············· 123

   6.3　基于学习行为的公交系统演化模型 ··············· 124

   6.4　案例研究：公交系统在学习行为下的演化趋势仿真分析 ·· 130

   6.5　结论与建议 ····························· 137

   6.6　本章小结 ······························· 139

第三篇　实践与探索

第 7 章　国内外城市公交客流分配优化典型案例分析 ········· 142

   7.1　案例城市客流分配优化的具体做法与成效 ··········· 142

   7.2　基于行为分析的城市公交客流分配优化案例提炼 ······ 147

   7.3　案例对比分析与启示 ······················· 149

   7.4　本章小结 ······························· 151

第 8 章　基于行为视角的城市公交客流分配优化策略 ········· 153

   8.1　城市公交客流分配优化策略制定的原则与框架 ········ 153

  8.2 行为视角下城市公交客流分配优化的具体策略 ············ 156
  8.3 新发展阶段超大特大城市公共交通优先发展对策 ·········· 160
  8.4 本章小结 ·· 167

第四篇 总结与展望

第 9 章 总结与展望 ··· 170
  9.1 研究结论与理论创新 ·· 170
  9.2 研究局限与未来展望 ·· 172
  9.3 对实践者的建议与启示 ··· 173

参考文献 ··· 175
附 录 ··· 195
  附录 A 调查问卷 ··· 195
  附录 B 公交线路号与矩阵行列序号对照 ························· 199
  附录 C 数据分析代码 ··· 201
  附录 D 相关政策与法规概述 ······································ 223
后 记 ··· 228

第一篇
基础理论

第 1 章 绪 论

1.1 城市公共交通发展的重要性与面临的挑战

作为城市交通运输的重要组成部分，公共交通由于其特殊优势在各大城市得到大力发展和优先发展。2012 年 10 月 10 日，国务院召开国务院常务会议，研究部署在城市优先发展公共交通，会议特别强调"我国城市公共交通发展远远不能适应经济社会发展和人民群众出行需要，多数城市公共交通出行比例偏低，为从根本上缓解交通拥堵、出行不便、环境污染等矛盾，必须将公共交通放在城市交通发展的首要位置"。为实施城市公共交通优先发展战略，2012 年 12 月 29 日，国务院 64 号文件明确提出关于城市优先发展公共交通的指导意见。国内外先进城市实践已表明，优先发展城市公共交通是有效缓解城市交通拥堵、提高城市空气质量、解决环保管理困局及"城市病"的良药。缓解城市交通拥堵，必须坚持标本兼治、多措并举、综合施策。

1.1.1 城市公共交通的重要性

（1）缓解交通拥堵，促进道路高效利用

随着城市化进程的加速和汽车保有量的增加，交通拥堵已成为许多超大特大城市面临的难题。包括地铁、公交等在内的城市公共交通，以其大容量和高效率等特性，在缓解交通拥堵方面发挥着关键作用。发展城市公共交通能够有效减少私家车的使用，降低道路拥堵程度，提高道路使用效率。

(2）推动环保与可持续发展，减少环境压力

面对日益严重的环境问题，城市公共交通系统在环保和可持续发展方面扮演着重要角色。相比私家车，公共交通系统，特别是电动公交和轨道交通，能够显著减少温室气体排放和空气污染。通过大力发展公共交通，城市可以有效地降低环境污染，实现绿色出行，为市民创造更加宜居的环境。

(3）促进社会公平，提高居民出行便利性

便捷、舒适的公共交通能够缩短居民的出行时间，提高出行效率，从而增加市民的生活满意度和幸福感，有助于促进社会公平。不管市民身处城市的任何地方，只要公共交通覆盖到位，他们都能享受到便捷的出行服务，有助于减少因地理位置或经济条件造成的出行不便，确保所有市民都能公平共享城市发展成果。

(4）助力经济发展，提升城市竞争力

城市公共交通的发展对于城市经济具有重要意义。一方面，完善的公共交通系统能够方便居民出行，满足就业、生活和娱乐等方面的需求，从而吸引更多的投资和人才，推动城市经济的发展。另一方面，高效的公共交通可以为企业和居民节省时间和成本，提高经济活动的效率，有助于提升城市的竞争力，使城市在激烈的竞争中脱颖而出。

1.1.2 城市公共交通发展面临的挑战

城市公共交通的发展对于现代城市来说至关重要，它承载着解决交通拥堵、促进经济发展、提高居民生活质量等多重使命。然而，城市公共交通在发展过程中也面临着多方面的挑战。

城市规划与资源投入不足。城市公共交通系统的建设需要科学合理的城市规划和足够的资源投入，包括土地、资金、人力等。然而，在实际操作中，往往由于城市规划不合理或资源投入不足，导致公共交通系统的发展受限。

运营管理与服务质量问题。公共交通系统的运营管理和服务质量直接

关系到乘客的出行体验。然而，目前一些城市的公共交通系统存在票价不合理、班次频率不稳定、车辆维护不到位等问题，必然影响乘客的出行满意度。

多样化的出行需求。随着城市发展和人们生活水平的提高，出行需求的多样化给城市公共交通带来了新的挑战。市民对公共交通的需求不再仅限于通勤，还包括商务出行、旅游观光等。因此，公共交通系统需要灵活调整和创新，以满足不同群体、不同目的的出行需求。

为了克服这些挑战，城市公共交通系统需要不断地进行改革创新，提高运营效率和服务质量，同时加强与城市规划的协调配合，确保公共交通系统的可持续发展。此外，政府和社会各界也应加大对公共交通系统的支持和投入，共同推动城市公共交通事业的发展。

1.2 基于行为视角研究城市公交客流分配演化的重要意义

基于行为视角研究城市公共交通客流分配具有重要的理论意义和实践价值，它不仅有助于丰富和完善城市公共交通客流分配的理论体系，还可以为城市公共交通的运营和管理提供实践指导，为政府制定更加合理、有效的公共交通政策提供科学依据。

1.2.1 理论价值

丰富和完善交通流理论。从行为视角出发，研究乘客的选择行为和决策过程，有助于深化对交通流生成、演化和消散的理解。这不仅可以完善交通流理论，还能为城市交通规划和管理提供更全面的理论支持。

拓宽交通规划的思路和方法。传统的交通规划主要关注交通设施和基础设施的建设，而忽略了乘客的行为和需求。从行为视角出发，可以更加关注乘客的需求和体验，从而拓宽交通规划的思路和方法，使规划更加人性化、合理化和可持续。

促进学科交叉融合。本研究涉及交通工程学、行为学、城市规划等多个学科领域，有助于促进这些学科的共同发展和交叉融合。

1.2.2 实践指导

优化城市交通资源配置。通过对乘客行为的研究，可以更准确地预测客流分布和变化趋势，从而为城市交通资源的优化配置提供决策依据。这有助于缓解城市交通拥堵、提高交通效率、降低交通成本。

提升城市公共交通服务质量。了解乘客的行为和需求，可以为城市公共交通服务的改进提供依据。例如，优化公交线路、调整发车频率、改善乘车环境等，从而提升城市公共交通的服务质量和吸引力。

促进城市交通可持续发展。从行为视角出发的城市公共交通客流分配研究，有助于推动城市交通向更加绿色、低碳、可持续的方向发展。通过引导乘客选择公共交通、减少私家车使用等方式，可以降低城市交通的碳排放和对环境的影响，促进城市交通的可持续发展。

1.3 研究目的与结构概览

本研究是结合交通工程学、行为学、城市规划等多个学科领域的综合性研究，重在关注乘客在选择和使用城市公共交通系统时的行为模式，以及这些行为如何影响客流在城市交通网络中的分布。旨在揭示公交服务系统中乘客独立分散的路径选择行为决策与公交客流分配之间的内在关系，以充分合理利用城市公共交通资源和预防缓解城市交通拥堵为目的，以促进交叉学科发展为基本导向。

1.3.1 研究目的

本书致力于从行为视角深入探讨城市公共交通客流分配及演化，并分析实时信息、换乘行为、乘客感知和学习行为等维度对客流分配及系统演化的影响及内在机制。研究目的主要体现在以下几个方面：

（1）理论构建与完善：建立并完善基于行为视角的城市公共交通客流分配理论框架，为相关领域的研究提供理论支撑。

（2）涉及实际问题的数理分析：通过分析实时信息、换乘行为、乘客感知和学习行为等维度对客流分配的影响,揭示客流分配演化的内在规律和机制。

(3)提出优化策略:基于分析结果,提出针对性的优化策略和建议,以提升城市公共交通系统的运营效率和服务质量。

(4)案例研究与应用策略推广:将研究成果应用于实际的城市公共交通系统规划、设计和管理中,通过案例研究展示研究成果的应用效果,推动城市交通的可持续发展。

1.3.2 研究特点

(1)跨学科的理论融合。本书将心理学、行为学、交通工程学等多学科的理论和方法相结合,构建了一个全面、系统的分析框架,以揭示乘客行为对公共交通客流分配的影响机制。

(2)实证研究与案例分析。通过收集大量的实际交通数据和乘客调查数据,结合具体的城市公共交通案例,进行了深入的实证研究和案例分析,使研究结果更具可操作性和实用性。

(3)理论建模与仿真模拟。本书采用理论建模和仿真模拟,构建了基于行为视角的公共交通客流分配模型,并通过仿真模拟来分析和预测客流分配的演化趋势,可为实际交通系统的优化提供有力支持。

(4)实践导向的应用研究。本书不仅关注理论探讨,更重视将研究成果应用于实践中。通过提出具体的优化策略和建议,旨在帮助城市交通管理者和规划者更好地理解和改善公共交通系统的客流分配问题,提高城市交通的整体效率和服务水平。

(5)国际视野与前沿探索。本书在研究过程中充分借鉴了国际上的先进理念和研究成果,同时也在某些领域进行了前沿性的探索和创新,为城市公共交通客流分配研究提供了新的思路和方向。

1.3.3 研究方法

本书致力于深入探讨行为视角下城市公共交通客流分配的演化过程及其应用。通过综合运用文献综述、案例分析、模型构建、仿真模拟等研究方法，旨在揭示实时信息、换乘行为、乘客感知和学习行为等因素对客流分配的影响机制，为优化城市公共交通系统规划、提高运行效率和服务质量提供理论支撑和实践指导。

（1）文献综述。通过文献综述法，系统梳理了国内外关于城市公共交通客流分配，实时信息影响、换乘行为分析、乘客感知以及学习行为如何影响城市公交客流分配等方面的研究文献。通过对前人研究成果的梳理和评价，确定了本书的理论基础和研究框架。

（2）案例分析。为了深入了解实际情况下乘客的行为特征和客流分配情况，本书选取典型城市作为案例研究对象。通过收集案例城市的公共交通数据、乘客调查数据等，对乘客的实时信息获取行为、换乘行为、乘客感知和学习行为等进行了深入分析，以此为基础探究这些因素对客流分配的影响。

（3）模型构建。为了更准确地量化各行为因素对客流分配的影响，本书构建了基于行为视角的客流分配演化模型。不同数理模型综合考虑了实时信息、换乘行为、乘客感知和学习行为等因素，通过数学模型描述这些因素与客流分配及演化之间的关系，并对模型的参数进行了估计和验证。

（4）仿真模拟。为了验证所构建的客流分配演化模型的有效性和可靠性，本书采用了仿真模拟法。通过模拟不同情境下的乘客出行行为，观察客流分配的变化情况，并与实际情况进行对比分析，以验证模型的适用性和准确性。

（5）定量与定性分析相结合。本书在数据处理和分析过程中，综合运用了定量和定性分析方法。通过对收集到的数据进行统计分析、回归分析等定量方法，揭示各行为因素对客流分配的影响程度和规律；与此同时，结合深度访谈、焦点小组讨论等定性方法，深入了解乘客的心理特征、出行决策过程等，为定量分析提供有力支持。

（6）多学科交叉法。本书注重多学科交叉融合，综合运用了交通工程学、行为科学、心理学、计算机科学等多个学科的知识和方法。通过整合不同学科的研究成果和方法论，形成了一套综合性的研究框架和方法体系，为研究行为视角下城市公共交通客流分配演化及应用提供了全面的理论支撑和实践指导。

具体而言,本书的模型构建主要运用了离散选择模型、累积前景理论和经历-加权吸引学习模型,下面分别进行介绍。

(1) 离散选择模型

① 发展历程

20 世纪 70 年代,美国加州伯克利分校经济系教授丹尼尔·麦克法登(Daniel McFadden)提出了多项 Logit 模型,有效解决了美国旧金山公交铁路项目中的交通方式需求预测问题。

2000 年 10 月 11 日,McFadden 教授因在微观经济计量学领域做出的突出贡献而获得了 2000 年度诺贝尔经济学奖,其主要研究贡献在于为离散选择模型(Discrete Choice Model)奠定了坚实的经济理论基础,推动了离散选择模型的发展和推广应用。

早期关于出行行为的研究通常采用集计数据或基于小区水平的平均关系,对出行行为特征进行分析和预测。随着离散选择模型的兴起和发展,学者们纷纷运用其建立更贴近实际的模型来描述个人的出行抉择过程。1974 年,Logit 模型及其特性被 McFadden 完整地论述,较完整的离散选择模型理论体系由此形成;紧接着,1975 年,Lernman 等结合应用经济学中的消费者行为理论,进一步完善了该理论体系;20 世纪 70 年代末,混合 Logit 模型、OGEV 模型、PCL 模型、CNL 模型等一系列被改进的离散选择模型相继出现;20 世纪 80 年代中期,《离散选择分析》(Discrete Choice Analysis)一书成为离散选择模型的经典之作[134];2002 年,McFadden 和 Trains 指出混合 Logit 模型能够近似模拟各种随机效用模型[135]。

近年来,各种被改进的离散选择模型如 MNL、NL、Probit Logit 和混合 Logit 模型等被广泛运用于交通出行分析,如交通方式选择行为特征分析[136-138]、通勤交通方式选择[139]、铁路线路客流量预测[140]、轨道交通出行选择[141]、城市居民出行[142-144]、老年人出行[145]以及女性群体出行方式选择[146]、停车换乘行为[147]、公交出行选择[148]等研究。

② 理论基础

离散选择模型是一种选择模型，它基于一个相互排斥但总体完备的方案集而建立，作为一种高效、简洁且有较高移植性的模型，它在出行者交通行为数据分析和建模研究中已得到较多学者的关注和重视。本书在第 3 章将离散选择模型用于实时信息下的乘客路径选择行为，主要基于以下两个基本假设[149]：

第一，乘客是交通行为意志决定的最基本单位。换句话说，乘客是决定何时出行以及选择哪条路径出行的最基本决策单位。

第二，乘客在一定选择条件下均会选择其感知效用最大的方案。值得注意的是，被选择方案的效用会因该方案所具有的不同属性（如出行所需的时间、是否需要换乘、所选的线路是否拥挤等服务水平特性）以及乘客的不同社会经济属性（年龄、性别、每周搭乘公交出行的平均次数）而发生变化。

假设乘客 n 的选项集合为，若选项 j 被选中，则其效用为 U_{jn}，那么，乘客选择 i 方案的条件，详见式（1-1）。

$$U_{in} > U_{jn} (i \neq j, i, j \in A_n) \tag{1-1}$$

效用在随机效用理论中通常被认为是一个随机变量，包括固定部分和随机变化部分，且二者通常被假设为线性关系，详见式（1-2）。

$$U_{in} = V_{in} + \varepsilon_{in}, \quad V_{in} = \sum_{i=1}^{N} \alpha_i x_i \tag{1-2}$$

其中，V_{in} 表示乘客选择 i 方案效用函数中的固定项，ε_{in} 为随机项，也常被称为概率项，此时乘客 n 选择 i 方案的概率 P_{in}，详见式（1-3）和式（1-4），具体推导过程详见关宏志编著的书籍《非集计模型：交通行为分析的工具》[149]。

$$P_{in} = P(U_{in} > U_{jn}, i \neq j, i, j \in A_n), \sum_{i \in A_n} P_{in} = 1, 0 \leq P_{in} \leq 1 \tag{1-3}$$

$$P_{in} = \exp(V_{in}) / \sum_{j \in A_n} \exp(V_{jn}) \tag{1-4}$$

由式（1-2）和式（1-4）可得各选项效用函数及选择概率函数，通过假

第一篇 基础理论

设随机项 ε 的不同分布形式可得到不同的离散选择模型。若 ε 服从二重指数分布，可推导出最简单却最常用的多项 Logit 模型；若 ε 服从多维正态分布，可推导出 Probit Logit 模型。

③ 模型分类

根据聂冲等对离散选择模型的基本原理及其发展演进评介[150]，对离散选择模型进行分类，详情见表 1-1，对 5 种模型简单介绍如下。

表 1-1　离散选择模型分类

名 称	基 本 特 征
多项 Logit 模型	随机项服从二重指数分布，它最简单但应用最广
GVA 模型	随机项服从极值分布，选择方案之间允许存在相关性；选择概率为封闭型，故无须求助于模拟方法来估计参数
嵌套 Logit 模型	分层，相关项放置在同一水平
Probit 模型	一种广义线性模型，随机项服从正态分布
混合 Logit 模型	随机项可以服从任何形式的混合分布；通过采用合适的分布函数，任何形式的随机效用模型都可选用混合 Logit 模型加以近似模拟

第一，Logit 模型由于其简单的特点而被广泛应用，但是它在给定研究者代表性效用的设定时，隐藏着选择方案之间成比例的替代，也就是所谓的 IIA 特性（Independence form Irrelevant Alternatives，IIA），这就使得该模型不能处理与不可观测因素（随机因素）相关的动态性。

第二，GVA 模型（Generalized Extreme Value Model）的提出是为了避免 Logit 模型中的独立性假设，该模型假设所有选择方案效用的不可观测部分均服从广义极值的联合分布，该分布允许各选择方案之间存在相关性，若所有选择方案之间相互独立（即相关性为零），广义极值分布也就成了独立的极值分布，那么，此时的 GVA 模型也就成了标准的 Logit 模型。

第三，Probit Logit 模型较前面两个模型的优势在于：它允许任何的替代形式，也可以用于处理随机的偏好变化，还可以适用于跨期重复选择的面板数据，而该模型最大的局限在于随机项的分布受限于正态分布。

第四，嵌套 Logit 模型（或称巢式 Logit 模型，简称为 NL 模型）从解决实际问题的角度，考虑了各选择枝之间的相关性，能在一定程度上解决 IIA 问题，但是它的结构比较复杂，参数估计更加抽象。

第五，混合 Logit 模型包含了任何形式的混合分布，能够近似模拟任何形式的随机效用模型，从而具有很高的灵活性，Train 等从理论上论证了只要采用合适的分布函数[135]。但是，由于选择的概率形式并非显性，当维数较高时，积分运算将变得十分复杂而难以通过解析法进行求解，故需借助仿真方法进行求解，因此，直到近年来，计算机技术的迅猛发展才从真正意义上促进了混合 Logit 模型的发展和应用。

（2）前景理论

前景理论（Prospect Theory，PT）是 Kahneman 在大量实验研究基础之上对人的有限理性所做的归纳总结[88]；Tervsky 等进一步扩展前景理论的效用度量框架，提出了累积前景理论（Cumulative Prospect Theory，CPT）[151]；累积前景理论以累积决策权重代替了前景理论中的决策权重，能对任意可数种结果选项进行效用度量，能比较贴近实际地描述人们在面临不确定性或风险决策时对事件发生的概率和效用感知，图 1-1 为价值函数曲线示意图，表 1-2 给出了该函数曲线的特征性质及对应的实际含义。

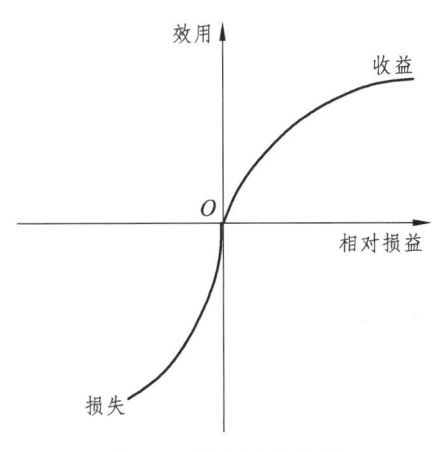

图 1-1 价值函数曲线

表 1-2 中 3 个基本观点在 Kahneman（1992）的研究中采用效用函数、

累积决策权重函数和累积前景效用这 3 个计量公式来加以量化，详见式（1-5）至式（1-7）[151]。

表 1-2 价值函数曲线特征及对应的实际含义

函数性质	实际含义
基于参考点对效用进行定义	参考点依赖：基于获得和损失两种情况对行为主体的风险态度进行描述，且获得和损失均相对于参考点而言
收益函数为凹函数，损失函数为凸函数	损失厌恶：人们的决策倾向随着他们对未来不同的预期而发生变化；当面临获得时往往趋向于风险规避，当面临损失时则趋向于风险追求
损失区域的效用函数曲线比收益区域更陡峭	敏感性递减：存在明显的损失规避程度大于对相同收益的偏好程度；等量的损失要比等量的获得对人们的感觉产生更大的影响

$$v(x) = \begin{cases} h(x), & x \geqslant 0 \\ -\lambda h(x), & x < 0 \end{cases} \quad (1\text{-}5)$$

$$\begin{cases} \pi_i^+ = w^+(p_i + \cdots + p_n) - w^+(p_{i+1} + \cdots + p_n), 0 \leqslant i \leqslant n-1 \\ \pi_i^- = w^-(p_{-m} + \cdots + p_i) - w^-(p_{-m} + \cdots + p_{i-1}), 1-m \leqslant i \leqslant 0 \end{cases} \quad (1\text{-}6)$$

$$U(X) = \sum_{i=0}^{n} h(x_i)\pi^+(p_i) + \sum_{i=-m}^{-1} h(x_i)\pi^-(p_i) \quad (1\text{-}7)$$

$$U(x) = \int_{-\infty}^{x_0} \frac{\mathrm{d}w(F(x))}{\mathrm{d}x} v(x)\mathrm{d}x + \int_{x_0}^{+\infty} -\frac{\mathrm{d}w(1-F(x))}{\mathrm{d}x} v(x)\mathrm{d}x \quad (1\text{-}8)$$

其中，$h(x)$ 为 $[0,+\infty)$ 上的单调递增凹函数，且 $h(0)=0$，$\lambda>1$，实验结果表明：参数 λ 的取值通常在 2 附近，表示当决策者面临相同程度的损失和收益时，因损失带来的不愉悦程度相当于因收益获得的愉悦程度的两倍[151]。值得注意的是，式（1-7）是针对离散选择情形的累积前景理论效用度量公式，Connors 等对该离散选择的效用度量进行了推广，可应用到连续选择的情形[101]，详见式（1-8），其中，$F(x)$ 表示 X 的累积分布。

（3）学习模型

学习模型主要经历了强化学习、信念学习和经历-加权吸引学习这3个发展阶段。强化学习模型最大的缺陷就是参与人只关注自己的选择和收益，而信念学习最主要的缺陷是忽略了参与人自己过去选择的成功策略的信息。基于此，Camerer和Ho提出了一种新的学习模型，对每个策略给定一个"吸引值"，用来表示策略被采用的概率大小，并通过δ、ϕ和ρ这3个参数，建立了一个强化学习和信念学习模型的混合体——经历-加权吸引学习模型（Experience Weighted Attraction Learning，EWAL），它的核心思想主要包括以下3点：策略如何得到强化选择，如何控制策略吸引值的增长率，如何确定策略的经验权重和初始吸引值[152,153]，分别简单介绍如下：

① 策略如何得到强化选择：强化学习理论中，当参与人1选择策略s_1^i、参与人2选择策略s_2^j时，参与人1的策略s_1^i可根据其策略收益$\pi_1(s_1^i,s_2^j)$得到强化。未选择的策略s_1^k（$k \neq i$）则完全不能得到强化。EWAL模型学习理论认为应该考虑未被选择策略s_1^k的收益信息，策略s_1^k通过参数δ与选择策略s_1^k原本应该得到的收益$\pi_1(s_1^k,s_2^j)$的乘积$\delta \cdot \pi_1(s_1^k,s_2^j)$得到强化。也就是说，EWAL模型学习理论通过赋予未选择策略收益以δ的权重而使所有的策略均有机会获得强化选择，参数δ相当于经济学术语中的"机会成本"或者心理学术语中的"遗憾程度"。因而，当$\delta \cdot \pi_1(s_1^k,s_2^j) > \pi_1(s_1^i,s_2^j)$时，参与人将因放弃策略$s_1^k$的机会成本过大，或未选择策略$s_1^k$的遗憾程度过大，而在以后的决策过程中选择策略$s_1^k$，即$s_1^k$得到强化。

② 策略吸引值的增长率如何控制：EWAL模型第二个关键的思想是如何控制策略吸引值的增长率。吸引值是与策略选择概率单调相关的数字。强化学习中，吸引值可以持续增长，意味着博弈均衡以较快的速度收敛于0或者1。信念学习中，吸引值是预期收益，受限于各策略的收益矩阵的范围。EWAL模型允许吸引值的增长速度在这两种限制（强化学习的0-1，信念学习的预期收益矩阵）间变化，通过运用因子ϕ和ρ分别控制衰退速度，其中，ϕ控制过去策略吸引值的衰退速度，ρ控制影响吸引值的经验数量的衰退速度。

③ 策略的经验权重和初始吸引值如何确定：信念学习模型的初始吸引

值必须是给定的优先信念的预期收益,强化学习模型的初始吸引值通常没有任何限制。因此,EWAL 模型中的初始吸引值亦是没有严格限制的。初始经验权重 $N(0)$ 反映的是信念学习模型中的优先强度,即当吸引值更新时赋予策略前一期的吸引值的相对权重。

需要引起注意的是,吸引力值 $A_{rn}(t)$ 和经验权重 $N(t)$ 是 EWAL 模型的两个核心变量,二者分别通过式(1-9)和式(1-10)随时间更新[154]。

$$N(t) = \rho \cdot N(t-1) + 1, \quad t \geq 1 \tag{1-9}$$

$$A_{rn}(t) = \frac{\phi \cdot N(t-1) \cdot A_{rn}(t-1) + [\delta + (1-\delta) \cdot I(c_{rn}, c_n(t))] \cdot \pi_n(c_{rn}, \boldsymbol{c_{-n}(t)})}{N(t)} \tag{1-10}$$

其中,式(1-9)表示参与人 t 期的经历权重等于参与人所记住的 t-1 期的经历权重加 1,通常被称为经历加权公式,用以表示相邻两轮经历权重之间的更新,式中的 1 表示赋予 t 期所观测到的经历权重为 1;式(1-10)为吸引公式,各个变量含义分别解释如下:

$N(t)$:经历权重,可看成是对过去经历的"等价观测"。

$A_{rn}(t)$:t 期策略 r 对参与人 n 的吸引力值的大小。

$\pi_n(c_{rn}, \boldsymbol{c_{-n}(t)})$:其他参与人在 t 期的选择策略集合为 $\boldsymbol{c_{-n}(t)}$ 时,参与人 n 选择策略 r 的实际支付;$c_{rn}(t)$ 为参与人 n 在 t 期的选择为策略 r;$\boldsymbol{c_{-n}(t)}$ 表示除 n 以外的其他参与人在 t 期实际选择的策略矢量矩阵。

$I(c_{rn}, c_n(t))$:关联函数,若参与人 n 在 t 期的选择策略为 r,$I(c_{rn}, c_n(t))$ 为 1,否则 $I(c_{rn}, c_n(t))$ 为 0。

ρ:上一期经历权重被记住的概率,通常被称为经历权重贴现率。

ϕ:上一期吸引被记住的概率,通常被称为吸引贴现率。

δ:通过引入 δ,使得个体可以通过观察未选中的恰当策略或行动而进行学习,主要的原因在于若 δ 大于 0,那么经验的收集和积累将扩大至没有被选中的策略或行动中,因此,δ 通常被称为未被选中策略的支付权重。

需要说明的是,初始权重 $N(0)$ 和初始吸引 $A_{rn}(0)$ 外生给定,源于学习而产生的博弈前的思考和对类似博弈的参考;除此之外,Camerer 和 Ho 利用实验数据,通过极大似然法估计这些参数,得到 $\delta \approx 0.5$,$\phi \in (0.8, 1)$ 和 $\rho \in (0, \phi)$。

（4）行为调查方法

交通行为分析首先需要采集行为数据，目前主要是通过实际出行行为调查（Revealed Preference，RP）与出行意向调查（Stated Preference，SP）相结合的方式来获取乘客出行决策行为数据。

RP 调查考察结果的可靠性相对较高且更客观，主要原因在于被访者在回答时更易判断；而 SP 调查具备更高的灵活性，是因为该方法在实施调查时可根据需要来屏蔽掉其他影响变量，但需要假设不同的情景来考察被访者的反应。本书主要参考 Mahmassani[155]和 Whitehead[156]的两篇文献对问卷进行设计。

针对目前国内外关于乘客出行行为决策研究相对缺乏的现状，在研究考虑乘客选择行为的公交客流分配问题时，采用意愿调查获取行为数据是一条可行途径。

1.3.4 结构概览

本书对国内外研究现状、城市公共交通需求分析及预测基本理论进行了梳理，并深入探究了影响乘客路径选择的关键影响因素，详细地分析、解释和说明这些外部因素、内部因素单独作用和内外部因素共同作用下的乘客路径选择行为，分别研究其如何主导和促进经由公交实际运营数据分析在公交网络上呈现出来的宏观客流分布规律。

本书共 9 章，分为以下 4 篇：

第一篇基础理论：由第 1 章和第 2 章组成，介绍研究背景，在广泛收集、整理与分析文献资料、借鉴现有研究成果的基础上，结合现实需求和文献脉络梳理，提炼出本书所要研究的科学问题，阐述研究意义，叙述研究目标与结构概览、研究方法、研究思路和主要内容。简要介绍相关理论基础和研究动态，并对城市公共交通需求分析及对预测进行分析，剖析它与公交客流分配演化之间的内在关系。

第二篇理论与创新：由第 3 章、第 4 章、第 5 章和第 6 章组成。立足行为研究视角，深入探讨城市公交客流分配及系统演化问题。研究涵盖了实时信息、换乘行为、乘客感知和学习行为等多个因素对客流分配演化的影响。考虑实时信息的研究揭示了实时信息对乘客出行决策的影响，以及如何利用实时信息优化客流分配。考虑换乘行为的研究则关注乘客在公共交通网络中的换乘决策过程，提出了提高换乘效率的方法和策略。关于考虑乘客感知的研究揭示了乘客对公交服务质量的感知对客流分配的影响，以及如何提升乘客满意度。考虑学习行为的公交系统演化问题，分析了公交系统在面对不断变化的客流需求时的学习和适应能力。

第三篇实践与探索：由第 7 章和第 8 章组成。对国内外城市公交客流分配优化典型案例进行分析，提出基于行为视角的城市公交客流分配优化策略和新发展阶段超大特大城市公共交通优先发展对策，并探讨如何应用这些理论和方法来优化公共交通的客流分配，提高系统的运行效率和服务质量。

第四篇总结与展望：由第 9 章组成。总结本书的研究结论和主要发现、研究局限与未来展望，给出对实践者的建议与启示。

1.4 本章小结

本章在阐述城市公共交通的发展重要性及其所面临挑战的基础之上，明确了从行为视角研究城市公交客流分配演化的理论意义和实践价值。接着，简要说明研究目的，即通过深入剖析城市公交乘客的出行行为，揭示客流分配的演变规律，为城市公共交通的优化提供科学依据。同时，介绍了研究的特点、方法和整体框架，为后续章节的深入研究奠定坚实的理论基础和逻辑框架。

第 2 章 理论基础与文献综述

城市公共交通作为城市基础设施的重要组成部分，其优先发展对于缓解城市交通拥堵、提高出行效率、促进城市可持续发展具有重要意义。本章将探讨城市公共交通优先发展的内涵、基本理论及其必要性，旨在为后续的客流分配研究提供坚实的理论基础。同时，概述城市公交客流分配的核心概念、分类及其与城市公共交通需求分析的内在联系，为后续研究提供清晰的研究框架和逻辑起点。通过对传统公交客流分配问题和行为视角下城市公共交通客流分配的研究现状进行梳理和评价，旨在为后续研究提供参考和启示。

2.1 关于城市公共交通优先发展

2.1.1 优先发展城市公共交通的内涵

城市公交优先发展主要围绕着"公交优先"的概念和内涵展开。公交优先旨在通过适当的交通管理和道路工程措施，使城市内部的客运交通以大容量、快速度的公交系统为主，其他个体交通工具为辅。这既体现了社会经济的合理性，有利于提高现有道路交通资源的利用率，也有利于解决能源紧张、环境污染等问题。

公交优先的内涵包括政策上的优先、规划建设上的优先、通行上的优先。这意味着在政策制定、城市规划、道路建设和交通管理等方面，都需要优先考虑公交系统的需求和发展。例如，通过制定有利于公交发展的政策，如财政补贴、税收优惠等，可以鼓励更多的人选择公交出行；在城市规划中，应优先考虑公交线路和站点的布局，以便更好地服务乘客；在道路建设中，应设置公交专用道、优先通行信号等，以提高公交的运行效率。

此外，公交优先还是一种资源配置的优化策略。通过优化公交系统的资源配置，可以满足城市客流快速有效流动的需求，减轻交通拥堵现象。这不仅可以提高城市交通的整体效率，还可以为城市的可持续发展创造有利条件。

总之，城市公交优先发展强调在城市交通系统中优先考虑公交系统的需求和发展，通过政策、规划、建设和管理等多方面的措施，实现公交系统的优先发展，从而推动城市的可持续发展。

2.1.2 城市公共交通优先发展的基本理论

城市公交优先发展的基本理论主要包括公共产品理论、政府公共服务理论、公共治理理论、交通拥堵经济学理论、可持续发展理论和系统优化理论等。

公共产品理论是新政治经济学的一个分支，它强调公共产品的非排他性和非竞争性。公交系统作为一种公共产品，其服务应当覆盖所有社会成员，且不应因某个成员的消费而减少其他成员的消费机会或降低消费标准。因此，公交优先发展是公共产品理论在城市交通领域的具体应用。

政府公共服务理论认为，政府有责任提供高效、便捷、安全的公共交通服务，以满足市民的出行需求。公交优先不仅是对这一理论的实践，也是提升政府公共服务质量的重要手段。

公共治理理论强调多元主体共同参与、协商共治。在城市公交优先发展过程中，政府、企业、社会组织和公众等各方应共同参与，形成合力，推动公交系统的优化和发展。

交通拥堵经济学理论强调交通拥堵不仅浪费时间和资源，还会对环境产生负面影响。因此，从经济学的角度来看，公交优先发展有助于减少交通拥堵，提高道路使用效率，从而带来经济效益。通过优化公交系统，可以吸引更多的乘客选择公共交通,减少私家车的使用,从而缓解交通压力。

可持续发展理论主张公交优先发展符合可持续发展的要求。通过推广公共交通,可以减少对环境的污染和破坏,降低能源消耗,实现绿色出行。同时,公交优先还有助于提高城市的社会公平性和可达性,促进城市空间的均衡发展。

系统优化理论强调公交系统是一个复杂的网络结构,包括公交线路、站点、车辆、运营管理等多个方面。通过系统优化的方法,可以对公交系统进行全面的分析和规划,提高系统的整体效能。公交优先发展就是在这种理论指导下,通过优化公交线路、增加公交车辆、提高运营效率等措施,提升公交系统的吸引力和竞争力。

2.1.3 城市公共交通优先发展的必要性

一是有助于实现社会公平和包容性。公共交通系统是一种公共资源,其服务范围广泛,可以覆盖城市的各个角落,为不同社会群体提供平等的出行机会。通过优化公共交通系统,可以确保老年人、残疾人、低收入家庭等社会弱势群体也能够享受到便捷、经济的出行服务,减少社会排斥现象。

二是减少环境污染。随着机动车数量的增加,尾气排放对环境的污染日益严重。优先发展城市公共交通可以减少私家车的使用,从而降低空气污染和噪声污染,改善城市环境质量。此外,公共交通车辆通常采用清洁能源,如电动公交车,进一步减少了对环境的负面影响。

三是提升城市形象。一个高效、便捷、舒适的公共交通系统可以提升城市的整体形象。公共交通车辆的设计、服务质量、运行效率等方面都能反映出一个城市的文明程度和管理水平。一个优质的公共交通系统不仅能够吸引游客,还能增强市民对城市的归属感和自豪感。

四是促进城市空间布局优化。优先发展城市公共交通有助于引导城市空间布局的优化。通过合理规划公共交通线路和站点,可以引导城市人口和产业向更加合理、高效的方向发展,促进城市内部的均衡发展。

五是应对未来挑战。随着人口增长、城市化进程加速以及气候变化等全球性挑战的不断加剧,城市交通问题日益凸显。优先发展城市公共交通是应对这些挑战的重要手段之一。通过建设绿色、智能、高效的公共交通系统，可以为未来的城市交通发展奠定坚实的基础。

综上所述，优先发展城市公共交通不仅对于缓解当前城市交通问题具有重要意义，而且对于促进城市的可持续发展、实现社会公平与包容性、应对未来挑战等方面都具有深远的影响。因此，各级政府和相关部门应高度重视城市公共交通的发展，加大投入力度，推动公共交通系统的不断优化和完善。

2.2 城市公交客流分配概述

自20世纪70年代，日本研制出公共汽车定位系统（公交智能化的雏形）以来，智能公共交通管理系统逐步被引起重视，国内外各大城市也都逐渐意识到公交智能化是提高公交服务水平、吸引出行量的必经之路。自此，许多先进技术和设备被运用到公交领域中，关于城市公交智能化方面的理论研究也因此备受青睐，如公交需求分析及预测、公交客流分配、公交系统仿真及评估等热点问题，其中，客流分配问题作为四阶段交通规划方法的重要组成部分，除了在交通运输学科领域得到应有的重视之外，在应用数学、管理科学与工程等交叉学科领域的研究也掀起了一股热潮。作为城市公交规划的重要研究内容，不管是纯粹的交通研究领域，还是其他交叉学科领域，公交客流分配问题都得到了学者们的广泛关注，在理论研究和应用研究方面，国内外学者也都取得了较多的研究成果，很多学者将该问题的成功归因于理论和实践的紧密联系：一方面，不管是战略层，还是操作层，公交客流分配模型作为一种有效的规划工具，对公交规划中的站点布局、线路调整、运营策略制定、公交车辆优先计划等起着不可估量的作用；另一方面，许多公交客流分配软件的出现和成功应用均取决于客流分配问题的理论研究成果，这就无疑使得客流分配问题的理论研究受到越来越多学者们的关注和重视，从而对公交基础设施和服务投资决策也提供了理论和基础支持。

2.2.1 公交客流分配的核心概念

城市公共交通有广义和狭义之分，从广义上来看，是指在城市及其所管辖区范围内供公众出行乘用的，经济的、方便的诸多客运交通方式的总称，主要包括公共汽车、电车、出租汽车、轮渡、地铁、轻轨以及缆车、索道等客运交通方式；从狭义上来看，是指在城市及所辖范围内供公众出行乘用的，经济的、方便的公共汽车客运交通方式，通常被称为城市公交[1]。本书所指公共交通均指城市地面公交，若不做特别说明，之后均简称为城市公交。

公交网络由站点及连接站点的线段组成（线段是指相邻两个站点之间的部分），每条线段都有一组公交线路经过，每条公交线路均有一定的发车频率和服务类型，不同线路之间可能存在部分相同的线段，乘客只能在站点上下车或换乘其他线路，乘客从出发地到达目的地可能需要一次或多次换乘。下面针对公交客流分配涉及的基本术语及概念扩展进行简要介绍。

2.2.1.1 基本术语

公交站点：公交车辆在公交线路上运行的固定停靠点，供乘客上下车及换乘作业。

公交线路：连接站点与站点之间的专用线路，每条公交线路提供的服务由其线路走向、发车频率和车辆容量共同决定。

公交路段：公交线路上任意两个站点之间供公交车辆行驶的路段。

发车间隔：通常被称为"班次间隔"或"行车间隔"，它指的是前后两班次车辆驶离始发站的车头时距，它是编制公交行车时刻表的重要指标。发车间隔安排是时刻表编制的中心工作，也是现场调度人员指挥车辆运行的中心工作[157]。

发车频率：与发车间隔成反比，它是指某线路一小时内驶离始发站的车辆数量，它是发车间隔的倒数。

站点服务时间：公交车辆在站点处停靠以供乘客完成上下车作业的时间。

2.2.1.2 公交共线

现实生活中，乘客往往可通过选择不同的线路或线路组合到达目的地，在这种情况下，究竟是选择可行线路集合中第一辆到达的公交车，还是继续等待更具吸引力的线路，如换乘次数少、到达终点的时间短或舒适度更高或其他多种因素的综合，该现象所涉及的问题就是典型的城市公交共线问题，其基本思想为：公交网络中两个站点之间若存在可供乘客选择的线路为 n 条（包括直达线路和换乘线路），为了使总出行阻抗最小化，乘客一般只会考虑对其有吸引力的 m 条线路，并最终搭乘这 m 条线路中最先到达的那条，称这 m 条线路共线，见图 2-1。从站点 A 到站点 B，可供选择的线路有 4 条，即 r_1、r_2、r_3 和 r_4，称这 4 条线路共线，该概念由 Chriqui 首先提出[6]，由此解决了在起点站或换乘站如何选择合适吸引线路集的问题，但得到的解并不是全局最优解。

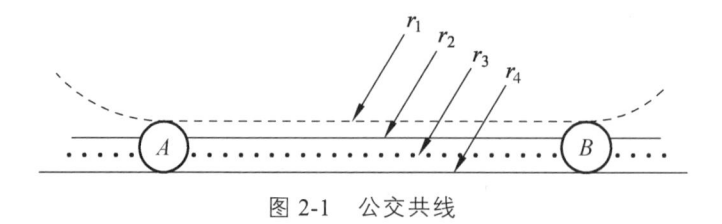

图 2-1 公交共线

2.2.1.3 出行策略

出行策略是共线思想针对公交网络的推广，由 Spiess 和 Florian 于 20 世纪 80 年代率先提出，它指的是乘客在出行过程中根据个人偏好和所获信息选择路径时所遵循的规则集合。下面通过图 2-2 所示的 Spiess 公交路网诠释出行策略这一概念。

作为公交客流分配问题最常用的一个路网算例，Spiess 公交路网由一个 OD 对 AB、X 站点和 Y 站点这两个换乘站点组成，有 4 条公交线路服务于该路网：线路 1 为从站点 A 到站点 B 的直达线路，车内行驶时间为 25 min，该线路的发车频次为 10 趟/h；线路 2 从站点 A 到站点 Y，站点 Y 为中间换乘站点，从站点 A 到站点 X 和从站点 X 到站点 Y 的车内行驶时间分别为

7 min 和 6 min，该线路的发车频次为 10 趟/h；线路 3 为从站点 X 到站点 B 的线路，站点 Y 为中间换乘站点，各线段（站点 X 到站点 Y 和站点 Y 到站点 B）的车内行驶时间均为 4 min，该线路的发车频次为 4 趟/h；线路 4 为从站点 Y 到站点 B 的线路，线段的车内行驶时间为 10 min，发车频次为 20 趟/h。那么，这 4 条公交线路的平均候车时间分别为 6 min、6 min、15 min 和 3 min。那么，与图 2-2 对应的乘客选择公交路径的出行策略描述如下[21]：

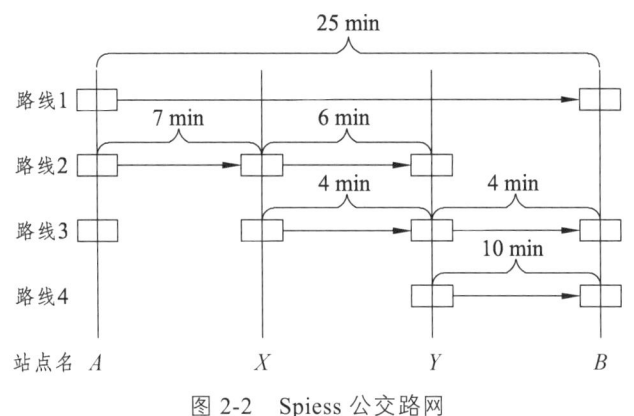

图 2-2 Spiess 公交路网

（1）从起点站 A 出发，确定换乘站点（站点 X 或站点 Y）或终点站 B；

（2）搭乘吸引线路集中第一辆到达的车辆（线路 1 或线路 2），若第一辆到达的车辆已满载，则等待属于吸引线路集的下一趟车或换乘另一条可行线路；

（3）若到达终点站 B，则结束；否则，令到达站点为起始站点，转第一步。

根据以上步骤可得乘客应该选择公交路径的组合，出行时间为 27.75 min。

2.2.1.4　广义公交路径

公交共线对大城市公共交通网络而言是十分常见的，因此，任意 OD 对之间连通的线路通常有多条，但乘客并非考虑所有线路，也不会总是单一地选择最短线路，如图 2-3 所示：乘客有可能选择直达线路 r_1（换乘零次），

第一篇　基础理论

也有可能选择需要换乘一次的线路 r_2（在站点 S_1 换乘），在某些情况下甚至可能选择需要换乘两次的线路 r_3（在站点和站点 S_3 各换乘 1 次）。除此之外，部分起点站离乘客的出发地相对较近，部分终点站离乘客的目的地相对较近，部分站点可搭乘的线路相对较多，这些也都是影响乘客路径选择行为的关键因素，本书在第 3 章、第 4 章和第 5 章的静态客流分配问题中暂不加以考虑，在第 6 章研究考虑学习行为的日常公交系统演化中将考虑乘客出发地（家）到起始站点之间的距离，运用模拟仿真方法解释公交系统演化到广义用户均衡的过程。

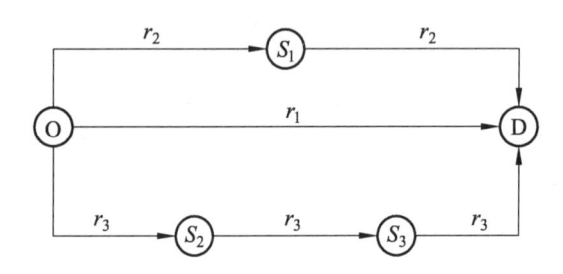

图 2-3　共线情况下的乘客路径选择

在提出广义公交路径定义之前，有必要首先介绍换乘站点的概念。换乘分为非同步换乘（乘客通过步行一段距离换乘的情况）和同步换乘（在下车站点即可换乘的线路）这两种情况，如果仅考虑同步换乘，这就大大降低了可行换乘线路的搜索空间。因此，本书把一定步行距离内可能换乘的多个站点抽象为一个站点对公交网络进行拓扑建模，如同名且距离很靠近但非同一个的两站点，如图 2-4（a）所示，或不同名但距离很靠近的两站点，如图 2-4（b）所示。

（a）同名且距离很靠近但非同一个的两站点

（b）不同名但距离很靠近的两站点

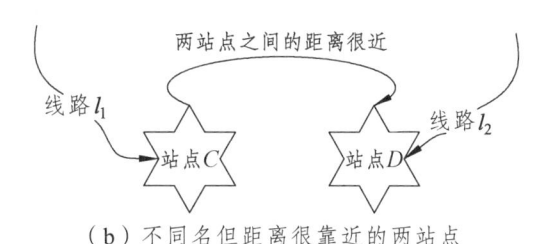

图 2-4　非同步换乘

乘客从起点站出发，选择某条线路，经过公交网络中的多个公交站点到达终点站便完成了一次出行；若乘客到达公交网络中的某个换乘站点，有两条或两条以上与该换乘站点直接相连并能将其送达目的地的公交线路，且在决策后将该换乘站点作为路段的起点，此时乘客需要进行决策，该换乘站点就被称为决策节点。因此，公交网络可转换为仅包括起点站、中间换乘站和终点站这些决策节点以及连接这些节点的路段组成的网络，起点站和终点站可看成是特殊的换乘站点，相邻决策节点之间至少存在两条公交线路，据此定义符合乘客路径选择行为的广义公交路径为乘客从起点站到达终点站所选择的换乘站点序列，简称路径。称路径上相邻两个决策节点之间的部分为公交路段，简称路段，路段通常包含一条或多条不同的线段。后文如不做特别说明，乘客从起点站搭乘公交到达终点站，不管换乘与否，所选择的直达线路或需要换乘的线路组合均统称为路径。

图 2-5 和图 2-6 分别展示了由公交线路编码和广义公交路径编码的公交网络：由原来七条线路编码的公交网络经由路径编码后，仅有三条路径即可清晰描述：经过站点 S_1、S_4 的直达路径 r_4，经过站点 S_1、S_2、S_4 的换乘路径 r_5，经过站点 S_1、S_3、S_4 的换乘路径 r_6。由此可见，经由广义路径编码的公交线网更简单明了，对于大规模公交网络而言，该优势将更加明显。

结合图 2-2，由广义公交路径定义可知，若乘客需完成从起点站 A 到终点站 B 的公交出行，有以下 5 条路径可供选择。① 路径 1：从起点站 A 搭乘线路 1 到达终点站 B；② 路径 2：从起点站 A 搭乘线路 2 到达换乘站点 X，再换乘线路 3 到达终点站 B；③ 路径 3：从起点站 A 搭乘线路 2 到达换乘站点 X，再换乘线路 3 到达换乘站点 Y，最后换乘线路 4 到达终点站 B；④ 路径 4：从起点站 A 搭乘线路 2 到达换乘站点 Y，再换乘线路 3 到达终点站 B；
⑤ 路径 5：从起点站 A 搭乘线路 2 到达站点换乘 Y，再换乘线路 4 到达终点站 B。

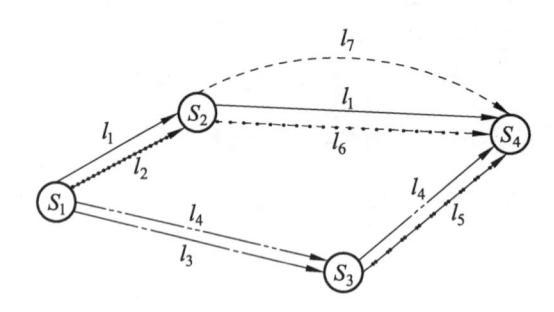

图 2-5　由公交线路编码的公交网络

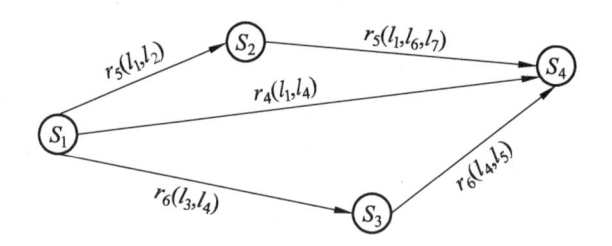

图 2-6　由广义公交路径编码的公交网络

2.2.1.5　路径阻抗与有效路径

在公交网络中，由于同一路段会有多条线路通过，且每条线路均有其固定的线路走向和发车频率，受出行目的、出行时间、出行距离、出行费用、舒适度、换乘的方便性及出行习惯等多种因素影响，乘客往往只会考虑其中的一部分路径，这部分路径称为有效路径。通过有效路径的选取，将乘客为实现其物理位置转移而付出的时间和经济成本之和称为出行路径阻抗，简称路径阻抗。路径阻抗的计算会因研究的侧重点和乘客的偏好不同而有所不同，下面主要介绍本书后续需要用到的路径阻抗函数计算方法。

乘客的站点候车行为是一个复杂的排队过程，尤其是高峰时期，随着客流量的增加，因站点能力和车辆安全容量限制而出现的拥挤延迟现象十分常见；乘客不能搭乘吸引线路集的第一辆到达的公交车，就不得不选择继续等待该线路的下一趟车或换乘另一条可行线路，从而导致额外的拥挤延迟现象。因此，本书给定如下假设：若乘客不能搭乘上吸引线路集中第一辆到达的公交车，则一定能够搭乘上第二辆到达的公交车，或换乘其他公交线路，也就是不考虑二次等待现象。那么，乘客在起点站或换乘站等待吸引线路集中第一辆到达公交车的时间成本，可通过式（2-1）进行计算。

$$u_{s_i} = \frac{\varphi}{\sum_{r \in R_w} h_r} \qquad (2\text{-}1)$$

其中，u_{s_i} 为乘客在起点站或换乘站 S_i 等待吸引线路集中第一辆到达公交车的时间成本，φ 为分布系数，h_r 为线路 r 的发车时间间隔，W 为所有乘客起讫点对的集合，且 $w \in W$，R_w 为 OD 对 w 间的可行路径集合。当 $\varphi = 0.5$ 时，表示乘客到达服从均匀分布，公交车辆到达服从泊松分布，此时乘客的等待时间服从均匀分布。路段阻抗主要包括站点候车时间 u_{s_i} 和路段运行时间 $t_{s_i s_j}$；除此之外，因拥挤延迟而使得乘客不能搭乘上第一辆到达车辆的过载等待时间也不容忽视，记为 d_{s_i}，详见式（2-2）。

$$\begin{cases} d_{s_i} = 0, \ v_{s_i s_j} < k_{s_i s_j} \\ d_{s_i} \geqslant 0, \ v_{s_i s_j} = k_{s_i s_j} \end{cases} \qquad (2\text{-}2)$$

其中，$v_{s_i s_j}$ 为路段 $s_i s_j$ 上的客流量，$k_{s_i s_j}$ 为路段 $s_i s_j$ 的最大安全容量。

基于上述分析可知，OD 对 w 间路径 r 的阻抗 T_{wr} 应为路径 r 包含的所有路段阻抗和站点等待时间之和，详见式（2-3），需要注意的是，乘客对公交票价并不敏感，故此处不考虑经济成本。

$$T_{wr} = \sum (u_{s_i} + d_{s_i}) \cdot \eta_{wrs_i} + t_{s_i s_j} \cdot \lambda_{wrs_i s_j} \qquad (2\text{-}3)$$

其中，η_{wrs_i} 和 $\lambda_{wrs_i s_j}$ 分别为站点 S_i 和路段 $S_i S_j$ 与路径 r 之间的关联系数，当 OD 对 w 间的路径 r 经过站点 S_i 和路段 $S_i S_j$ 时，η_{wrs_i} 和 $\lambda_{wrs_i s_j}$ 取值为 1，否则为 0；若不做特别说明，后续章节考虑的路径阻抗均根据式（2-3）进行计算。

事实上，不管从何角度去分析和计算路径成本，乘客能接受的路径阻抗往往在一定的可承受范围之内，因此，可通过式（2-4）确定有效路径集合。

$$T_{wr} \leqslant (1+E)T_{w1} \qquad (2\text{-}4)$$

其中，T_{w1} 为 OD 对 w 之间的最小出行成本；E 为有效路径容忍系数，该值视具体情况而定。

2.2.2 城市公交客流分配的定义及分类

2.2.2.1 城市公交客流分配问题描述

城市公交客流分配问题（Urban Public Transit Assignment Problem，PTAP）是指在公交网络结构和有关参数（运输能力、发车频率等）已知的情况下，通过考虑乘客路径选择行为的关键影响因素，模拟乘客在公交网络中的路径选择行为，推导出乘客在不同线网布局下的分布情况，从而得到各公交路段或公交线路的客流量及其他相关指标等[2,3]。

从问题描述来看，公交客流分配问题研究的表象是个体乘客出行集计汇聚而展现出来的宏观出行现象，其结果是获得公交系统内各公交路段或公交线路的客流量和其他相关指标，其核心则是如何描述乘客在公交网络中各个 OD 对之间的路径选择问题，其目的是了解各 OD 对之间的客流量在公交网络中各路段或线路的流动情况，并据此为公交线网规划和场站布局提供重要的理论依据。因此，从本质上来看，公交客流分配研究就是在乘客路径选择的基准之上做出某种假设而进行的分析和求解[4]。换言之，从行为科学的角度来看，公交客流分配是公交网络上所有乘客路径选择心理和行为决策共同作用的结果。分析不同侧重点下的乘客路径选择行为及决策规则，据此获得各公交路径的选择比例，再将已知或预测所得 OD 需求分配到现有公交线网或未来规划公交线网，从而获得各公交路段和公交路径流量，进而对公交线网的目前使用情况及未来规划做出评价是公交客流分配需要解决的理论问题和现实问题。

2.2.2.2 城市公交客流分配分类

根据不同的划分标准，公交客流分配模型隶属不同的分类，但是最根本的区别在于究竟是基于时刻表还是基于频率的客流分配方法，在此基础上还可以进一步细分：根据用户是否拥有完全信息，可划分为确定型与随机型；根据是否考虑时间因素，可划分为动态分配和静态分配这两种类型；按照系统状态最终是否趋于平衡，可划分为均衡分配和非均衡分配这两种类型。下面按照不同分类进行简单介绍。

（1）基于频率分配与基于时刻表分配

根据运算特性的不同，公交客流分配模型可分为基于频率与基于时刻表这两种类型，它们分别属于集计模型与非集计模型的研究范畴，前者仅考虑公交服务的平均车头时距或平均频率，因而只能获得相关的平均值，无法准确计算各条线路的相关属性，同样也不能准确计算单个乘客在出行路径选择过程中所要考虑的各个要素，该方法适用于发车间隔相对较短且在分析期内没有时刻表这类长期规划的输入；后者则在考虑精准的时刻表信息基础上，兼顾车辆运行的实际到达和离开时间以模拟每趟车的运行状况，这样一来，就可以很方便且准确地评估乘客在进行路径选择时所考虑的各项服务水平的属性，该方法适用于发车间隔相对较长的郊区公交路网或铁路网络。

与基于频率的客流分配模型相比，基于时刻表模型最明显的优势在于它能较准确地预测车辆负荷。值得注意的是，如果公交车辆出发时间或乘客到达时间的变化显著，基于频率较基于时刻表的模型能得出更符合实际的分配结果，除此之外，它并不需要基于时刻表方法中过于详细的数据和计算，更重要的是，随着我国城市化进程的逐步加快，交通需求倍增，尤其是早晚高峰，很大程度上不能保证各线路在各个站点的到站和离站时间，这就使得时刻表的输入并无多大现实意义。

（2）确定型分配与随机型分配

通常情况下，现实生活中的公交出行，乘客总是会选择他们认为路径阻抗最小的路径，但由于个人认知和对阻抗的理解和接受程度各异，对路段/路径阻抗值的计算也仅限于粗略估计，这就意味着所有乘客的感知最优路径并不相同，而不会选择同一条路径。因此，根据乘客对相同路段或/和路径阻抗的感知是否一致，可进一步将分配模型细分为确定性用户均衡分配模型与随机用户均衡分配模型。

确定性用户均衡分配模型的前提假设是乘客能够精确计算出每条路段/路径的阻抗，且每个乘客的计算能力和计算水平是相同的，并根据计算结果做出抉择。在该假设前提下进行的公交客流分配通常被称为确定性用户均衡公交客流分配。公交系统达到该平衡状态时，则不再存在什么力量能使该状态发生改变，也就是说，在该状态下，各 OD 对的所有被选择的路径有相同的阻抗，且小于或等于任何未被选择的路径阻抗。

然而，现实出行过程中，乘客对路段/路径阻抗的计算只能通过粗略估计。对同一路段/路径而言，由于乘客的计算能力和计算水平各异，不同乘客的估计值必然不会总是完全相同，基于该假设前提而进行的公交客流分配通常被称为随机用户均衡公交客流分配。随机分配理论和方法的提出，在拟合和反映现实交通网络实际的进程中又推进了一大步，同时也为城市公交客流分配问题带来了新的契机。

值得注意的是，当乘客对路段或路径的理解完全一致时，随机性用户均衡则演变为确定性用户均衡，故确定性用户均衡可以被看成是随机性用户均衡的一种特殊情况。

（3）静态分配与动态分配

根据各个 OD 对之间客流量的时变特性，可将客流分配模型分为静态客流分配和动态客流分配这两种，二者最主要的区别在于前者考虑 OD 对间的客流量在较长的一段时间内是固定不变的，而后者考虑的问题是 OD 对间的客流量随时间的变化而发生变化。尽管静态客流分配模型及算法能较好地服务于公共交通系统规划，但在客流量随时间变化的动态公交路网分析和评估上有较大的局限性。因此，有必要深入分析和探讨静态客流分配在动态公交路网上的推广和延伸，即动态客流分配问题。

（4）均衡分配与非均衡分配

解决非均衡状态的客流分配问题则须建立非均衡客流分配模型，但这并不是本书的研究重点，故此处不做详细讨论。需要说明的是，尽管乘客的选择或决策往往趋向于均衡，但是整个公交系统永远是非均衡的。

第 2 章 理论基础与文献综述

综上分析可知，根据不同的划分标准，客流分配模型则隶属不同的分类。除了上述划分依据中提到的影响因素，如理解误差和公交网络的不确定性等，Avineri 等认为涉及路径选择模型或交通流量分配模型的研究还应重点考察决策准则的类型和决策过程动态这两个因素[116]，公交客流分配也不例外。

第一，决策准则的类型。决策者评价路径选择方案的属性通常被称为决策准则。目前关于路径选择行为的研究大多基于期望效用理论和随机效用理论；此外，前景理论，模糊逻辑等也相继被引起重视。

第二，动态/静态模型。现有关于路径选择行为的研究大部分都假设出行者是熟悉道路属性的，由于这一假设的存在，研究一般为基于静态的。而现实生活中，路径选择决策过程更是一个动态的过程，包括一些信息获知和学习机理等。本书后续章节的研究更多侧重以上关于决策准则的选取和学习认知过程。

2.2.3 城市公共交通需求分析与客流分配

城市公交需求分析及预测与公交客流分配密切相关。需求分析及预测旨在了解市民的出行需求和规律，预测未来的交通流量和拥堵情况，从而优化公交资源配置。公交客流分配则是基于需求分析和预测结果，将公交客流合理地分配到不同的公交线路和站点上，以满足市民的出行需求。城市公交需求分析及预测为公交客流分配提供了基础和依据，而公交客流分配则是实现公交服务优化和效率提升的关键环节，二者相辅相成，共同推动城市公共交通系统的健康可持续发展。

2.2.3.1 城市公共交通需求影响因素分析

随着城市化进程的加速和人口规模的不断扩大，城市公共交通需求日益复杂多变，呈现出多元化、个性化的特点。为了更准确地把握公共交通需求的变化趋势，需深入分析城市公共交通需求的影响因素，并利用先进的数据分析技术和预测模型，对城市公共交通需求进行更为精准的预测，用于指导公共交通规划、优化资源配置和提升服务质量。影响城市公共交通需求的因素众多，主要包括以下几个方面：

(1) 经济发展水平和人口规模

城市的经济发展水平和人口规模是影响公共交通需求的最基本因素。经济发展水平高的城市，人们的出行需求更旺盛，公共交通需求也更大。同时，人口规模越大的城市，公共交通的需求也越大。

(2) 城市规划和土地利用

城市的规划和土地利用模式对公共交通需求也有显著影响。例如，城市的密度、功能区的划分、住宅区和商业区的布局等都会影响人们的出行方式和出行距离，从而影响公共交通的需求。

(3) 出行目的和出行时间

人们的出行目的和出行时间也会影响公共交通的需求。例如，通勤、购物、娱乐等不同的出行目的会影响人们对公共交通的需求程度和需求时间。同时，高峰时段和平峰时段的公共交通需求也会有所不同。

(4) 交通政策和服务质量

政府的交通政策和服务质量也会影响公共交通的需求。例如，政府的公共交通优惠政策、公交车的班次和准点率、公交车的舒适度等都会影响人们对公共交通的选择和依赖程度。

(5) 私人交通工具的拥有量和使用情况

城市中私人交通工具的拥有量和使用情况也会影响公共交通的需求。例如，当城市中私家车数量过多时，会导致道路拥堵和停车难等问题，这时人们可能会更倾向于选择公共交通出行。

综上所述，城市公共交通需求影响因素众多，涉及经济、社会、规划、政策等多个方面。为了更好地满足人们的出行需求和提高公共交通的服务水平，需要综合考虑这些因素，制定科学的公共交通规划和政策。

2.2.3.2 城市公交需求预测方法与常用模型

城市公共交通需求预测是城市交通规划和管理的重要环节，其主要目的是预测未来城市公共交通系统的客流需求，为公交规划、设计、运营和管理提供决策依据。以下是几种常见的城市公共交通需求分析方法、预测方法及一些常用模型。

（1）需求分析方法

公交需求是城市公共交通客流分配的基础。在进行公交需求分析和预测时，我们需要考虑多种影响因素，如人口分布、经济发展、土地利用、政策引导等。同时，我们还需关注公交需求的时空变化特征，如工作日与节假日、高峰时段与平峰时段以及不同区域的需求分布特点。此外，特殊事件如大型活动、突发事件和气候变化等也会对公交需求产生影响，需要进行相应的预测和应对。

① 调查问卷调研法

这是一种常见的乘客需求分析方法。通过设计合理的问卷，收集乘客的出行习惯、出行目的、出行频率等信息，可以全面了解乘客的需求。这种方法的优点是可以直接获取乘客的真实想法和需求，缺点是样本量和代表性可能有限。

② 乘客出行数据分析法

这种方法基于大数据技术，通过收集公共交通系统的乘客出行数据，如刷卡记录、公交车全球定位系统（Global Positioning System，GPS）数据等，可以精确分析乘客的出行行为。通过数据分析，可以得出乘客出行的热点区域、高峰时段等信息，为公共交通线路的优化提供指导。这种方法的优点是可以获取大量的、实时的出行数据，缺点是数据质量和准确性可能受到多种因素的影响。

③ 焦点小组讨论法

这是一种定性研究方法，通过组织一组具有代表性的乘客进行讨论，了解他们对公共交通的需求和意见。这种方法的优点是可以深入了解乘客的需求和想法，缺点是可能受到小组讨论过程中的群体效应影响。

④ 观察法

这是一种直接观察乘客行为的需求分析方法。规划者可以在公交车站、地铁站等地进行观察，了解乘客的出行行为和需求。这种方法的优点是可以直接观察乘客的实际行为，缺点是可能受到观察者主观性的影响。

上述方法各有利弊，可以根据具体的需求和场景选择适合的方法进行分析。同时，为了获取更准确和全面的分析结果，可以综合考虑多种方法的使用，形成综合性的需求分析结果。

（2）需求预测方法

① 四阶段法

这是一种基于交通小区划分和 OD 调查的交通需求预测方法，包括交通生成、交通分布、交通方式划分和交通分配四个阶段。这种方法适用于大规模的城市交通需求预测，但需要大量的调查数据和计算资源。

② 回归分析法

这是一种基于历史数据和影响因素分析的预测方法，通过建立数学模型来预测未来的交通需求。常见的回归分析方法包括线性回归、多元回归、逻辑回归等。

③ 时间序列分析法

这种方法主要利用历史数据的时间序列特性，通过时间序列模型（如 ARIMA 模型、指数平滑模型等）预测未来的交通需求。这种方法适用于时间序列数据较为完整和稳定的情况。

④ 神经网络法

神经网络是一种模拟人脑神经元的计算模型，具有强大的非线性映射能力和自适应性。通过训练神经网络模型，可以实现对交通需求的预测。这种方法在处理非线性、复杂的数据关系时具有优势。

⑤ 组合预测法

组合预测法是将多种预测方法进行组合，以充分利用各种方法的优点并降低单一方法的误差。常见的组合预测方法包括加权平均法、最优组合法等。

需要注意的是，不同的城市公共交通需求预测方法具有不同的适用条件和优缺点，因此在具体应用中需要根据实际情况选择合适的方法。同时，为了保证预测结果的准确性和可靠性，还需要充分考虑数据的来源和质量、模型的参数设置和验证等方面的问题。传统的公共交通需求预测方法如四

第2章　理论基础与文献综述

阶段法和回归分析法等主要基于历史数据和经验判断，具有一定的局限性，难以准确反映未来公共交通需求的变化趋势。基于大数据的公交需求预测模型则能够更好地适应现代城市交通的发展需求。通过收集和分析大量的GPS、移动支付等数据，可以构建更为精准的预测模型，为公交系统的规划和运营提供有力支持。为了提高预测的准确性，以下优化方法通常被采用。

① 引入大数据和人工智能技术。利用大数据技术对海量出行数据进行挖掘和分析，提取出影响公共交通需求的关键因素。同时，利用人工智能技术构建预测模型，实现对公共交通需求的精准预测。

② 考虑多因素综合影响。传统的预测方法往往只考虑单一因素对公共交通需求的影响，而忽略了多因素之间的相互作用。本文在预测过程中综合考虑了人口、经济、土地利用和政策等多因素的综合影响，提高了预测的准确性和可靠性。

③ 考虑时空动态变化。公共交通需求在时间和空间上呈现出动态变化的特点。在预测过程中须充分考虑这种时空动态变化，通过对历史数据的时空分析，揭示了公共交通需求的时空分布规律和变化趋势。

（3）需求预测模型

① 时间序列分析模型

该模型适用于具有明显时间序列特征的公交需求数据。通过对历史数据进行时间序列分析，可以预测未来一段时间内的公交需求变化趋势。常用的时间序列分析模型包括 ARIMA 模型、指数平滑模型等。

② 回归分析模型

该模型通过分析公交需求与各种影响因素之间的关系，建立数学模型进行预测。常见的回归分析模型包括线性回归、逻辑回归、多元回归等。回归分析模型可以处理多变量影响的情况，能够综合考虑多个相关因素。

③ 神经网络模型

神经网络模型是一种通过模拟人脑神经网络的工作原理进行预测的模型。该模型适用于处理非线性关系比较复杂的情况，能够学习和发现隐含在数据中的规律。常见的神经网络模型包括 BP 神经网络、RBF 神经网络、卷积神经网络（Convolutional Neural Network，CNN）等。

④ 灰色预测模型

灰色预测模型是一种基于灰色系统理论的预测方法，适用于数据量较少或信息不完全的情况。该模型通过少量的数据进行预测，常用的灰色预测模型包括 GM（1,1）等。

以上是城市公交需求预测的一些常用模型，实际应用中需要根据具体情况选择合适的模型和方法。同时，随着数据科学和机器学习的发展，新的预测模型和方法也将不断涌现，为公交需求预测提供更加准确和有效的支持。

2.2.3.3 数据收集与处理技术在公交需求分析中的应用

在公交需求分析中，数据收集与处理发挥着至关重要的作用。表 2-1 给出了数据收集与处理在公交需求分析中的具体应用。

表 2-1　数据收集与处理在公交需求分析中的具体应用

数据收集	数据处理	数据应用
站点客流数据：通过安装在公交站点或车辆上的计数器，收集站点上下车的客流数据，以了解各个时间段的客流情况	数据清洗：去除重复、错误或异常数据，确保数据的质量和准确性	需求预测：基于历史数据和当前数据，利用预测模型对未来一段时间的公交需求进行预测
车辆运行数据：收集公交车辆的实时位置、速度、行驶路线等数据，有助于分析车辆的运行状况，发现拥堵或延误等问题	数据整合：将不同来源的数据进行整合，形成一个统一的数据集，便于后续分析	优化调度：根据实时数据和预测结果，优化公交车辆的调度和路线规划，提高公交运营效率
社会经济数据：包括人口分布、就业情况、居民出行习惯等，这些数据有助于了解乘客的出行需求和偏好	数据变换：将数据转换为适合分析的形式，如时间序列分析、空间分析等	改善服务：通过分析乘客的出行需求和偏好，为乘客提供更加个性化的服务，如推荐最佳乘车路线等
交通环境数据：如天气条件、道路状况、交通事故等，这些数据可以影响公交的运行效率和乘客的出行选择	数据挖掘：通过数据分析技术，发现数据中的隐藏规律和关联，以支持公交需求分析	政策制定：为政府部门的交通规划、政策制定等提供数据支持，促进公共交通的可持续发展

由表 2-1 可知，数据收集与处理在公交需求分析中扮演着至关重要的角色。通过收集全面的数据并进行有效的处理，可以更好地了解公交需求和问题，为公交系统的优化和改进提供有力支持。

2.2.3.4　城市公交通需求管理与出行选择行为

城市公共交通需求管理是指为了提高城市公共交通系统的效率、实现特定目标（如减少交通拥堵、节约道路及停车费用、保障交通安全、促使非驾驶员出行、节约能源、减少污染等）所采取的影响乘客出行选择行为的政策、技术与管理措施的总称。这些措施旨在优化公共交通服务，满足乘客的出行需求，并引导乘客更加合理、环保地选择出行方式。

（1）城市公共交通需求管理

① 城市公共交通需求管理的基本原则

城市公共交通需求管理的基本原则包括公平原则，经济与环境可持续发展原则，优先发展公共交通原则，时空资源均衡利用原则，因地制宜、综合协调发展原则以及社会与公众可接受原则。这些原则确保了公共交通需求管理措施能够公平地服务于所有市民，促进经济与环境的可持续发展，提高公共交通的吸引力和竞争力，同时考虑到不同地区的实际情况和公众的需求与接受度。为了实现这些目标，城市公共交通需求管理可以采取多种措施，如优化公交线路和班次、提高公交服务质量、推广公共交通出行方式、实施差别化停车收费政策、建设智能交通系统等。这些措施旨在提高公共交通的吸引力，降低私人交通的使用，从而减少城市交通拥堵和环境污染，实现城市交通的可持续发展。

② 城市公共交通需求管理的举措

城市公共交通需求管理须与城市规划、交通规划、土地利用规划等相结合，形成一个综合的交通管理体系。通过综合运用各种政策、技术和管理手段，实现城市交通的高效、便捷和可持续发展，以下是一些具体举措。

▶ 政策引导。政府在城市公共交通需求管理中扮演着重要角色。政府可以通过制定相关政策来引导市民的出行选择。例如，实施公交优先政策，提高公共交通工具的运行速度和效率，鼓励市民选择公共交通出行。同时，也可以限制私家车购买和使用，来引导和规范市民的出行行为，也可通过提高购车成本、停车费用等手段，降低私家车的使用频率。此外，还可以通过财政补贴、税收优惠等措施，鼓励市民选择公共交通出行。

▶设施建设。加强公共交通设施的建设和改造，提高公共交通的服务水平和吸引力。这包括增加公交车辆数量、优化公交线路、建设公交专用道、改善公交站点设施等。同时，也可以建设和完善城市自行车道、步行道等慢行交通设施，鼓励市民采用绿色出行方式。

▶智能化管理。利用现代科技手段实现公共交通的智能化管理。例如，通过智能交通系统实时监测和分析交通数据，为乘客提供更加准确、及时的公共交通信息，帮助他们更好地规划出行路线。大数据、人工智能等技术的应用，也可以帮助政府和企业更加准确地了解市民的出行需求和习惯，从而为他们提供更加个性化的公共交通服务。

▶宣传教育。加强公共交通的宣传教育工作，提高市民对公共交通的认识度和接受度，也是城市公共交通需求管理的重要方面。通过举办讲座、发放宣传资料、开展主题活动等方式，向市民普及公共交通的重要性和优势，引导他们养成绿色、低碳的出行习惯，提高他们对公共交通的认同感和使用意愿。

▶社会参与。鼓励社会各界参与城市公共交通需求管理，形成共建共治共享的局面。政府可以与企业、社区、学校等组织合作，共同提供和管理公共交通服务；同时，也可以鼓励市民通过反馈意见、参与规划等方式参与公共交通系统的改进和优化。

需要注意的是，上述举措的实施还需要根据城市的具体情况和需求进行调整和优化，以确保公共交通需求管理措施的有效性和可持续性。只有政府、企业和社会各界共同努力，才能实现城市交通的高效、便捷和可持续发展。

（2）交通出行选择行为分析

交通出行选择行为分析是指研究和分析人们在交通出行中如何做出选

择的过程和影响因素。这个过程涉及到多个方面,包括出行目的、出行时间、出行方式、出行路线等。通过对交通出行选择行为的分析,可以为城市交通规划和管理提供有益的参考和建议。例如,优化公共交通服务、改善交通拥堵状况、提高交通安全性等,以满足人们的出行需求和提高城市交通效率。

① 出行目的

人们的出行目的多种多样,包括工作、学习、购物、娱乐等。不同的出行目的会影响人们对交通方式的选择。例如,对于通勤者来说,他们可能更倾向于选择准时、稳定的公共交通方式;而对于购物或娱乐出行,人们可能更注重出行的舒适性和便利性。

② 出行时间

出行时间也是影响交通出行选择的重要因素。高峰时段交通拥堵,人们可能会选择避开这些时段出行,以减少等待时间和避免拥挤的乘车环境。此外,不同时间段的交通状况也会影响人们的选择。例如,在周末或节假日,人们可能更倾向于选择自驾或租车出行。

③ 出行方式

出行方式的选择受到多种因素的影响,包括费用、时间、舒适度、安全性等。公共交通、私家车、出租车、共享单车等都是常见的出行方式。人们会根据自己的需求和偏好选择最适合自己的出行方式。

④ 出行路线

在选择出行路线时,人们通常会考虑路线的长度、交通状况、道路条件等因素。他们可能会选择最短或最快的路线,或者选择避开拥堵路段和交通瓶颈。此外,一些人也可能会考虑路线的风景和沿途环境等因素。

⑤ 经济成本

经济成本是影响交通出行选择的重要因素之一。这包括直接成本和间接成本。直接成本包括交通费用(如公共交通票价、燃油费等)和停车费用等。间接成本则可能包括因交通拥堵导致的时间延误、车辆磨损和维修费用等。对于个人来说,经济成本往往是一个重要的考虑因素,他们可能会根据自身的经济状况和预算来选择合适的交通方式。

⑥ 社会和环境因素

社会和环境因素也对交通出行选择行为产生影响。例如，环保意识的提高可能促使人们选择更环保的交通方式，如骑行、步行或乘坐公共交通工具。此外，城市规划和基础设施的改善也可能影响人们的出行选择。例如，更好的自行车道和人行道可能鼓励人们选择骑行或步行。

⑦ 个人信息和偏好

每个人的个人信息和偏好也会影响交通出行选择。例如，年龄、性别、职业、收入等因素都可能影响个人的出行选择。年轻人可能更倾向于选择新兴、便捷的交通方式，而老年人可能更注重出行的安全性和舒适度。

为了更深入地了解交通出行选择行为，可以采用多种研究方法，如问卷调查、访谈、观察和数据分析等。这些方法可以帮助我们了解人们的出行需求和偏好，以及他们做出选择的原因和动机。基于这些分析结果，可以提出相应的政策和措施，以优化城市交通系统，提高出行效率和生活质量。总的来说，交通出行选择行为是一个复杂的过程，受到多种因素的影响。

（3）城市公共交通需求管理和交通出行选择行为的关系

城市交通出行选择行为与公共交通需求管理之间存在密切的关系，两者相互影响、相互制约。

首先，城市交通出行选择行为受到公共交通需求管理策略的影响。公共交通需求管理策略通常包括票价政策、公交线路优化、公交服务质量提升等措施，这些措施可以影响乘客的出行选择。例如，如果公共交通服务质量得到提升，乘客可能会更倾向于选择公共交通出行；如果票价政策合理，也可以吸引更多的乘客选择公共交通。

其次，城市交通出行选择行为也会影响公共交通需求管理的效果。乘客的出行选择行为会反映公共交通服务的实际需求，如果乘客选择公共交通的比例增加，那么公共交通的需求也会相应增加。这可以为公共交通需求管理提供实际的数据支持，帮助决策者制定更加合理的管理策略。

最后，城市交通出行选择行为与公共交通需求管理需要相互协调，以实现城市交通的可持续发展。公共交通需求管理策略需要根据乘客的出行

第 2 章 理论基础与文献综述

选择行为进行调整和优化，以满足乘客的出行需求和提高公共交通的服务水平。同时，乘客的出行选择行为也需要考虑到公共交通的实际情况，合理选择出行方式和出行时间，以减少城市交通拥堵和环境污染。

因此，城市交通出行选择行为与公共交通需求管理之间的关系是密切而复杂的，需要综合考虑多种因素，以实现城市交通的高效、便捷和可持续发展。

2.2.3.5 城市公交需求分析预测与客流分配的内在关系

城市公共交通需求分析预测与客流分配相互依赖、相互影响，共同构成了城市公共交通系统的核心部分。通过对公共交通需求的分析和预测，可以指导公交客流分配、优化公交网络、提高公交运营效率、促进公交与其他交通方式的协调发展，有助于推动城市公共交通系统的优化和升级，为市民提供更加便捷、舒适、高效的出行服务。

城市公共交通需求与客流分配有以下几个方面的关系。

（1）公共交通需求分析预测是客流分配的基础。通过对城市公共交通需求的分析和预测，可以更好地了解乘客的出行需求、出行规律和出行偏好，进而预测未来公交客流量的变化趋势，为公交网络的长期规划提供科学依据。

（2）公共交通需求分析预测与客流分配之间相互影响。客流分配的结果会反馈到需求分析预测中，有助于更好地了解乘客的出行需求和偏好，从而提高预测的准确性。公共交通需求分析预测的准确性也会直接影响客流分配的效果。如果预测结果不准确，那么客流分配可能会出现不合理的情况，导致公共交通资源的浪费或不足。

（3）优化公交网络。公交需求分析及预测的结果可以为公交网络的优化提供支持。通过对公交需求的分析，可以了解市民的出行热点和出行瓶颈，从而有针对性地优化公交线路和站点设置，提高公交网络的覆盖率和便利性。

（4）提高公交运营效率。公交需求分析及预测的结果有助于提高公交运营效率。通过对公交需求的分析和预测，可以了解市民的出行时间和出行路线选择偏好，从而合理安排公交班次和发车时间，提高公交车辆的利用率和准点率。这有助于提升公交服务的质量和吸引力，吸引更多市民选择公交出行。

（5）促进公交与其他交通方式的协调发展。公交需求分析及预测的结果有助于促进公交与其他交通方式的协调发展。通过对公交需求的分析和预测，可以了解公交与其他交通方式之间的竞争和互补关系，从而为城市交通系统的整体规划和协调发展提供科学依据。这有助于实现城市交通系统的多元化和高效化，提高城市交通的整体运行效率和服务水平。

此外，通过公共交通需求分析预测与客流分配的相互作用，我们可以不断地优化和改进公共交通系统。根据预测结果和客流分配情况，可以调整公交线路、班次和车辆配置，提高公共交通的运营效率和服务质量。与此同时，也可以根据乘客的反馈和意见，不断改进公共交通系统，提高乘客的满意度和忠诚度。

2.2.4　行为理论与城市公交客流分配

2.2.4.1　行为科学的基本原理在交通领域的应用

行为科学的基本原理主要包括社会学原理和系统原理。这些原理在交通领域有着广泛的应用，有助于我们更好地理解和管理交通行为，提高交通系统的运行效率，满足人们的出行需求。

系统原理指出城市交通管理是一个复杂的系统，需要综合考虑不同系统之间的相互作用，从全局的角度来看待城市交通管理。这一原理在交通领域的应用体现在对交通设施的人性化设计上。例如，在城市公交设计中，可以根据人们的出行需求，设置更加方便的公交站点和公交线路，提高公交运营效率，并增加对公交的使用率。

社会学原理强调人们的交通行为受到社会文化、家庭教育、社交关系等多种因素的影响。这一原理在交通领域的应用体现在对城市交通管理的深入理解上，需要综合考虑社会、文化、历史等因素，深入了解人的行为背景和社会感知，从而更好地进行交通规划和管理。例如，在城市道路设计中,可以根据关键出行路线的交通量,采取不同的道路设计策略,使道路畅通,缩短出行时间,提高人们对城市道路的感知。

行为科学在交通领域的应用还包括加强交通信息化管理。信息化技术的应用可以帮助我们更加了解人们的出行心理和需求,从而设计出更加符合人们需求的交通设施。同时,信息化技术还可以帮助我们更好地预测和管理交通流量,提高交通系统的运行效率。

2.2.4.2 行为理论对城市公交客流分配的影响与启示

行为理论对公交客流分配的影响与启示主要体现在对乘客行为的深入理解和分析、提供新的视角和方法、注重乘客的出行体验和服务质量等方面。

行为理论强调了乘客的个体偏好、出行习惯和心理预期等因素在公交客流分配中的重要性。这意味着,公交客流分配不仅受到线路、票价等客观条件的影响,还受到乘客主观因素的作用。因此,公交运营商在制定客流分配策略时,需要充分考虑乘客的行为特征和心理需求,以提供更加符合乘客期望的服务。

行为理论为公交客流分配提供了新的视角和方法。传统的公交客流分配往往基于静态的数据和模型,难以反映乘客的动态行为和需求。而行为理论则可以通过对乘客行为的深入研究和分析,揭示乘客出行选择的内在机制和规律,从而为公交客流分配提供更加科学、准确的依据。

行为理论还启示我们在公交客流分配中需要注重乘客的出行体验和服务质量。乘客的出行体验和服务质量是影响乘客出行选择的重要因素,也是公交系统持续发展的关键因素。因此,公交运营商需要不断优化服务流程、提高服务质量,以满足乘客的需求和期望,增强乘客对公交系统的信任度和满意度。

2.3 城市公交客流分配问题研究现状

2.3.1 传统公交客流分配问题研究现状

从研究进展的时间推进来看,早期关于公交客流分配的研究主要包括基于最短路算法和全有全无分配法这两大类；自 20 世纪 80 年代起，关于用户均衡与随机用户均衡的公交客流分配研究掀起了一股热潮；20 世纪 90 年代末至今，公交客流分配问题从理论研究方法上大体可分为基于时刻表和基于频率这两大类；下面将按照各个时期研究侧重点的不同对文献进行述评，并对模型涉及的数学解析算法和计算机仿真方法做简单介绍，通过对现有研究的分析和总结，发现已有研究可能存在的问题和不足，继而提出需要研究的问题。

2.3.1.1 基于最短路算法和全有全无分配法的研究

公交客流分配问题作为一个独立问题[5-8]或者复杂问题的子问题（如多模式交通路网均衡[9,10]，公交服务网络的设计及优化[11-14]）早在 20 世纪 60~70 年代就受到了众多学者的重视和关注。

Dial 等作为最早考虑公交分配问题的学者，于 1967 年提出了"主干线路路段"概念[5]；1971 年，Dial 提出的 Logit 模型，不用枚举客流之间的全部有效路径，从而加快了算法的运算效率是该模型的最大优点。但是，该模型更适用于个体机动车的流量分配[15]。为了解决共线问题，Dial 在 Logit 模型的基础之上提出了 Logit 递推模型：将共线线路看成一个物理路段，并将原来所有共线线路的发车频率之和作为合并线路的运行频率，这就为解决城市公交客流分配中的共线问题奠定了理论基础。Chriqui 等提出"吸引线路集"概念，明确指出在公交线网中能够被客流吸引或者被选择的线路集是所有连通路径集的子集合，并解决了给定出行起点站和中间换乘站点条件下的乘客如何选择合适的吸引线路集问题，但得到的解并不是全局最优解[6]。

Daganzo 于 1977 年[16]、Sheffi 于 1979 年[17]分别提出了概率客流分配模型，但由于需要枚举 OD 对之间的所有出行路径，使得计算量过大而不适用于求解大规模的公交网络分配。随后，Hasselström 于 1982 年将专家经验引入到生成 OD 对之间的吸引路径集合算法当中，基于专家经验建立路径搜索的规则集合，在经验规则集合下生成可能被客流选择的吸引路径集合，该方法改进了具有经验策略的客流分配，但不能保证分配结果为最优[14]。

早期关于分配模型的求解算法如 Lampkin[11]、Andreasson[7]、Hasselström[14] 等，均侧重行为原理定性的启发式算法，研究中关于吸引线路集的确定也都是基于启发式规则进行选择。尽管这些研究都是该时期比较经典的分配模型和算法，但大多都是对道路网个体交通分配的简单修正，其最大的局限在于不能很好地解决和反映公交客流分配涉及的候车时间延误、拥挤延误等动态影响，却又将其用之于比较甚至高度拥挤的公交网络（过度拥挤导致乘客不能搭上第一辆到达的车而不得不再等待下一辆），必然会产生与实际不符的分配结果，共线问题也未给予考虑和解决，因此存在很大的局限性，因而不能作为城市公交服务网络设计、优化和长期规划的有力决策依据。Last 等虽然考虑了容量约束和拥挤效应，但由于其仅适用于径向交通网络，或称放射型交通网络，而限制了它的广泛应用[18]。

2.3.1.2 基于确定性用户均衡与随机用户均衡的研究

自 20 世纪 80 年代起，随着人们对考虑拥挤效应的公交客流分配理论研究的逐步深入，为了更符合实际地体现乘客的出行选择行为特征，均衡概念被引入到公交客流分配研究领域。考虑到交通拥挤的外部效应，Wardrop 等给出了道路交通流量分配的用户最优均衡原理，它指的是当交通网络达到用户最优均衡状态时，网络中各个 OD 对间所有被选用路径阻抗相等且小于等于该 OD 对的所有未被选用路径阻抗[19]。但 Wardrop 用户均衡假设出行者在进行路径选择时对当时的交通网络状态和路况信息是完全了解的，且有足够的计算能力对路径阻抗进行计算，这一假设过于苛刻且不符合实际情况。基于此，Daganzo 和 Sheffi 提出了随机用户均衡概念，与确定性用户均衡最大的区别在于出行者根据各自对出行阻抗的感知做出抉择，通常情况下，出行者的感知值通常与实际值之间会存在偏差，该分配法能更真实地反映实际情况[20]。概括而言，出行者在考虑了路段拥挤因素后并不是严格地按最短路径出行，而是依据概率最短路径进行选择，该模型称为随机用户平衡（Stochastic User Equilibrium，SUE）模型。

Wu 等将文献[21]的研究扩展为非对称问题,基于策略或超级路径概念，假设乘客的站点等车时间和车内乘车时间都为与客流量相关的非线性函数，并以该函数来描述公交拥挤现象，将用户均衡（User Equilibrium，UE）原理运用到公交网络中，建立了公交网络系统的确定性用户均衡客流分配模型，并给出了求解算法，且该算法的收敛性较好[22]。

De Cea 等认为线路容量不足造成的拥挤现象主要表现在公交站点拥挤上，考虑了车辆拥挤和站点拥挤对乘客造成的不舒适影响，假设乘客的等车时间与客流量相关[23]。

Wu 等利用超级路径表示公交路网，建立了公交用户均衡客流分配模型，并将其转变为变分不等式问题，给出了求解算法[24]。

Lam 等为进一步分析探讨拥挤给客流分配带来的影响，认为车厢内乘客数量的动态变化、车厢内的接触碰撞拥挤和乘客在站点等车时所产生的拥挤都会对人们的交通模式和出发时间选择造成影响，而且明确指出了车内拥挤给乘客造成的不舒适度也应视为出行阻抗[25, 26]。

Lam 等基于多项 Logit 模型建立了随机用户均衡客流分配模型和与之等价的数学规划模型，并证明了当线路流量达到容量限制时，该规划模型的拉格朗日乘子同乘客在网络过载下产生的延误是等价的，该方法能较准确模拟乘客在拥挤网络下选择最优路径的行为，同时还能估计总的出行时间，但是该研究采用了一般道路网络中的路径概念，并未考虑到公交网络的特殊性，使得该模型仅适用于小型公交网络的客流分配计算[27]。

Nielsen 等基于多项 Probit 路径选择模型，建立了随机用户均衡配流模型[28]；高自友等提出了公交网络中考虑弹性需求和能力限制条件下的随机用户均衡配流模型及算法[29]。

Lam 等在文献[26]的基础上考虑了站点停留时间，建立了新的随机用户均衡配流模型[30]。

Poon 等研究了拥挤动态公交网络环境下服从先进先出（First In First Out，FIFO）原则的基于时刻表的均衡分配问题，并给出了模型与求解算法[31]；Nielsen 等采用嵌套 Logit 模型给出了公交随机用户均衡配流模型[32]。

Yang 等假设行驶时间服从正态分布，并运用负效用函数来表征乘客对出行时间不确定性的风险规避行为，在此基础之上建立了基于可靠性的随机用户均衡配流模型[33]。

Hamdouch 等同时考虑时刻表的协调和车辆容量限制建立了用户均衡公交配流模型，其均衡条件被描述为一个变分不等式问题，并采用移动平均法来求解[34]。

Papola 等考虑车辆容量限制建立了一个动态均衡配流模型，并将该均衡抽象为一个不动点问题，设计了移动平均算法，最终采用罗马公交网络对其有效性进行验证[35]。

Sumalee 等建立了随机动态客流分配模型，与以往研究不同的是，该研究建立了座位分配模型用于估计站点候车或车上乘客能获取座位的概率，对车内有无座位乘客的不舒适度加以区分，并用计算机模拟方法得出各个类型乘客上车之后可能站立的概率，最终用启发式算法对模型进行求解[36]。

Leurent 等认为乘客将有无座位作为路径选择的关键影响因素，建立了考虑车辆容量的配流模型[37]。

Hamdouch 等基于时刻表的协调，考虑了无座乘客的不舒适度水平，建立了均衡公交配流模型[38]。

四兵锋首先分析了公交网络与道路交通网络的复杂性，基于道路均衡配流模型和算法，分析了公交网络的均衡原则，提出了一种降低网络复杂度的公交网络表示方法，建立了公交均衡网络分配模型，且给出了求解算法[39]。

高自友考虑拥挤效应，建立了基于路段影响的非对称阻抗函数，提出了考虑弹性需求和能力限制的随机用户平衡配流模型，并运用对角化算法对模型进行求解[40]。

林柏梁从组合优化角度，建立了基于出行费用最小化的公交网络优化的 0-1 规划模型[41]。

2.3.1.3 基于时刻表和基于频率的研究

20 世纪 90 年代末至今，针对公交客流分配的研究，从理论研究方法上大体可分为基于时刻表和基于频率这两种分配方法。

明确将不同发车频率作为输入条件，乘客基于效用函数做出行选择，建立在此基础之上的公交客流分配问题研究，通常被称为基于时刻表的公交客流分配研究，该方法可同时考虑供给与需求的动态特性，能准确评估乘客在进行出行选择时所考虑的各项服务水平，且可计算线路负荷与服务水平的动态性，但这类研究大多是利用最短路算法来求解给定出发时间下的 OD 公交走行路径，且该方法中过于详细的数据和复杂的计算并不适用于目前大城市客流量大、发车频率高的公交系统，Tong（1998）[42]，Nuzzolo 等（2001）[43]，Tong（2001）[44]，Nguyen（2001）[45]，Hamdouch（2008）[34]，Hamdouch（2011）[38]，Nuzzolo（2012）[46]等研究都属于基于时刻表的分配范畴。

为避免公交共线带来的影响，刘志谦等在传统 Logit 模型中引入各个 OD 对之间的公交路径独立系统，提出了容量限制下基于时刻表的随机用户均衡模型，采用改进的 Logit 模型进行路径选择概率计算，最后运用实例公交网络分配结果对模型和算法的有效性进行验证，结果表明：较传统 Logit 模型的分配结果而言，改进的 Logit 模型的分配结果更为合理[47]。

基于发车频率的分配模型，假设公交换乘时间与驻站停留时间相关，不考虑时刻表的调整变化，一般适用于停站时间短、发车间隔短且在分析期内没有时刻表等长期规划概念的公交服务网络，在乘客到达或车辆出发时间变化差异显著的情况下，同样也能得出较符合实际的分配结果。追踪前人的研究，Cominetti（2001）[48]，Lam（2002）[49]，Cepeda（2006）[50]，Meschini（2007）[51]，Schmöcker（2008）[52]，Teklu（2008）[53]，Nökel（2009）[54]，Gallo（2011）[55]，Schmöcker（2011）[56]，Szeto[57] 等均是基于发车频率的路径选择模型或客流分配模型。

除此之外，Nuzzolo 等运用历时网络图，建立了考虑容量限制的基于时刻表的动态客流分配模型，并采用联合选择模型对出发时间、公交站点和线路进行综合选择，该方法尤其适用于常乘客（搭乘公交频率较高的乘客）[46]；Si 等认为除了步行时间、站点等待时间、车内行驶时间和换乘惩罚之外，站点拥挤和车内拥挤都应被视为乘客的出行路径阻抗，建立了增广网络模型，从而使得公交客流分配问题能够采用道路网交通分配建模的思想和理论，但该研究假定所有乘客同质、乘客的期望出发时间和到达时间都为定值，这与实际情况存在出入[58]。

第2章 理论基础与文献综述

此外，公交客流分配涉及的算法主要包括数学解析法和计算机模拟与仿真方法。数学解析方法主要有数学规划、最优控制理论、变分不等式、不动点理论以及非线性互补理论等。目前，计算机模拟与仿真方法更多的是运用国内外较常用的公共交通分配仿真软件，表 2-2 列出了国内外较常见的交通分配仿真软件基本信息。

表 2-2 国内外较常见的交通分配仿真软件

名 称	简单说明
TRIPS	它是一个以四阶段模型为基础的综合性交通规划软件，由英国 MVA 公司于 20 世纪 80 年代推出
MINUTP	它是一组程序库，由美国 COMSIS 公司推出的城市交通规划软件包
VISUM	用于交通系统分析和规划的宏观交通仿真软件，它可以提供各种交通分配运算程序（包括公共交通流量分配程序）以及四阶段模型要素，包括基于出行链和活动链的分析方法
VISSIM	由德国 PTV 公司开发的微观交通仿真系统，它是一个离散的、随机的、以十分之一秒为时间步长的微观仿真软件。车辆的纵向运动采用"心理-生理跟车模型"，横向运动（车辆变换）采用基于规则的算法
TransCAD	由美国 Caliper 公司首家独创，唯一专为交通运输业设计的地理信息系统（Geographic Information System, GIS）软件
S-Paramics	它一直是英国应用最广泛的微观仿真软件，其具体应用包括公共汽车优先措施和专用道，城市交通控制，道路环岛和各种交叉口设计，大区域的交通管理，道路施工管理，高速公路设计，停车场的选址和管理，车辆尾气排放控制，收费站点设置以及事件管理等
EMME/2	由加拿大 INRO 公司推出，该系统为用户提供了一套内容丰富、可进行多种选择的需求分析及网络分析与评价模型

综上所述，不难发现针对城市公交客流分配问题的研究大多都是对道路网个体交通分配的简单修正，其最大的局限性在于不能很好地反映和体现乘客的路径选择行为决策规则，却又将其用之于不同个体不同行为下的

公交网络，必然会产生与实际不符的分配结果，因此，接下来将从影响乘客路径选择决策的内外部因素着手，梳理考虑乘客选择行为的公交客流分配问题现状。

2.3.2 行为视角下城市公共交通客流分配的研究现状

传统的公交客流分配问题研究主要以规范性研究为主，已有的较多模型和算法大部分都是照搬道路交通分配的成熟理论和模型，尽管在路径选择行为的数学描述方面便于理解、可操作性强，但对考虑行为科学理论中的个体出行决策机理和对影响乘客路径选择的内在机理缺乏深入研究。近年来，随着城市公共交通的快速发展和智能化水平的提高，越来越多的学者开始从行为视角研究城市公共交通客流分配演化。国外研究在这一领域起步较早，形成了较为完善的理论体系和研究方法。国内研究则结合中国城市的实际情况，对客流分配演化进行了深入探讨。这些研究不仅为城市公共交通规划和运营提供了理论支持，也为解决城市交通问题提供了新的思路和方法。

2.3.2.1 实时信息对客流分配的影响研究

随着公交智能化的进一步推进，乘客在出行前或出行途中通过移动设备、互联网、多媒体及电子站牌获得实时公交信息成为可能，这些信息可能是定性的，也可能是经量化之后的精准信息。总之，不管是何种形式的信息，它们都能在一定程度上使乘客对出行更有把握，对出行具有一定的掌控，乘客根据这些信息对出发时间、出行路径做出选择，这就有可能使得客流在整个公交服务网络上的时空分配发生变化[59-61]。Dziekan 等指出动态实时信息对乘客造成的影响不容忽视，并给出了站点实时信息对乘客出行影响的思维导图[60]。

考虑公交共线的情况下，Gentile 等研究了乘客基于在线信息进行路径选择的决策模型，该模型假设车头时距为负指数分布，证明了以往经典的公交路径选择模型（站点不提供实时信息的模型）是该模型的一个特例[62]；

Larsen 等假设乘客不同质,在候车站点能获取车辆离站时间的前提下,兼顾等待时间和实时信息,建立了 Logit 公交分配模型,并通过模拟来评估模型的合理性及有效性[63];Sumalee 等在显性座位分配模型的基础上建立了一个动态随机客流分配模型,并将该模型用于评价先进的公共交通信息系统对乘客出行决策产生的影响[36];Ben-Elia[64],Zhan[65, 66]探讨了地图信息对乘客的出行模式、路径选择等的潜在影响,并对伦敦地铁地图信息如何影响乘客出行选择进行了实证研究,结果表明:与乘客的出行经验相比,乘客倾向于相信地铁地图类信息给他们提供更优的出行路径;Lo 等运用模糊逻辑建立了大容量快速公交换乘系统的实时模糊支撑系统,旨在减少乘客及车辆的等待时间、乘客的车内出行时间,且最终通过实验研究证明该支撑体系在改善整个换乘系统的同时还能减少乘客总体的等待时间[67];Cats 等运用多智能体方法对公交系统中的实时信息进行研究[68];Brakewood 等运用实验方法评估实时交通信息对佛罗里达州坦帕市公交乘客出行的影响,认为公交乘客候车等待在存在实时信息提供的情况下更为稳定[69];Tang 等通过芝加哥的公交运营实际案例表明实时公交信息对乘客出行的影响很大[70]。因此,研究建立在乘客的路径选择行为的公交客流分配问题,很有必要将实时信息作为重点考虑因素。

从上述研究来看,实时公交信息对乘客出行决策带来的影响已引起学者们的关注和重视,但是大部分研究在评估信息技术的影响均存在一定的局限性,它们对可能提供给乘客的信息并不敏感,也不能评估乘客对可能接收信息所做出的反应[2]。因此,本书将在前人研究的基础上对该问题作进一步研究。

2.3.2.2 换乘行为对客流分配的影响研究

随着中国大城市"城内上班、城外居住"这种工作-生活模式的出现,居民出行距离延长,从而引起公交半径增加,换乘就不可避免。那么,Knoppers 等指出最适合的换乘时间必须基于乘客到达换乘点的时间变动在固定的时间范围之内才能进行定义[71];Osuna[72],Jolliffe 等[73]通过观察和分析伦敦公交站点的乘客的到达信息和车辆离站信息发现:乘客换乘等待时间的随机性将随着公交车发车间隔的增加而减小；Seddon 等认为换乘等待时间的随机性取决于公交车的发车频率是否低于某个瓶颈值[74]；Fernández 等在存在多模式交通方换乘的情况下，提出了 3 种选择路径的方式[75]；Lozano 等研究了多模式交通网络下的乘客换乘方式选择行为问题[76]；Poon 等假设所有乘客能够根据以往的出行经验得到准确的出行信息，通过定义由乘车时间、换乘时间、等待时间以及换乘惩罚组成的广义费用函数，考虑拥挤的动态公交网络环境，建立了服从先进先出（First In First Out, FIFO）原则的基于时刻表的均衡分配模型，并利用仿真方法进行求解，得出容量限制条件下公交乘客的排队延误[77]；曾鹦等对换乘行为影响下的城市公交配流算法进行了研究[78]；张明辉考虑客流在站点的停车时间和换乘时间费用，以及拥挤导致乘客无法上车的现象，建立了包括延误时间在内的客流出行费用函数，构建了城市轨道交通均衡配流模型[79]；于剑基于乘客选择换乘方案的行为分析，提出了面向客流分配的城市轨道交通服务网络建模原则和建模方法[80]。

翁敏等从结点-弧段-有向线的角度描述公交网络，考虑换乘次数及换乘距离，提出了出行路径选择模型，且给出了求解模型的相应算法[81]；赵巧霞等针对常规公共交通的特点，建立了最优公交出行路径的双层优化模型，以换乘次数最少为第一目标，途经站数最少为第二目标，并设计了广度优先搜索算法以确定最优公交线路序列[82]；苏爱华等针对公交网络换乘问题构造了公共交通网络模型[83]；侯刚等考虑了公交站点的空间关系，提出空间数据到拓扑模型再到搜索模型的公交网络双层建模方案，建立了以换乘次数最少为目标的公交网络最优路径模型，为便于求解，将最小换乘次数问题转化为两点间的最短路径问题，最后用大连市的实际公交数据验证了模型和算法的有效性和可行性[84]；李远和四兵锋等在引用增广公交网络的基础上，考虑换乘次数对乘客出行时间的影响，引入换乘次数惩罚因子，给出了计算换乘费用的方法，构建了随机用户均衡模型来描述城市公交 OD 需求在网络上的分配问题，并证明了模型的最优解满足平衡条件[85]；杜彩军立足反映公交线网整体、概括性特征，围绕线网固有拓扑结构、公交运营时刻组织，建立了包括线路平均换乘次数、路网平均换乘次数、站点平均换乘次数和平均换乘等候时间的公交线网换乘性能评估指标[86]。

综上所述，国内外学者对城市公共交通换乘问题的相关研究主要集中在以下 3 个层面：① 线网层面，以公共交通线网中的网络流为研究对象，将换乘站作为线网的特殊结点，重点探讨资源的有效配置；② 站点层面，以换乘站本身为研究对象，重点探讨站点的规划对换乘服务水平的影响；③ 乘客层面，以换乘乘客个体为研究对象，采用图解法、概率论、数学规划和计算机模拟等方法，考虑换乘因素对整个公交系统进行优化（如公交调度、线网设计以及客流分配问题等）。本书将重点放在第 3 个层面，考察换乘因素对路径选择的影响，进而建立更符合实际的公交客流分配模型。

2.3.2.3 乘客感知对客流分配的影响研究

现实生活中，决策者受信息获取、认知能力以及思考时间等因素的限制而做出的决策往往是不完全理性的，鉴于此，西蒙首次提出了"有限理性"概念，并明确指出人们总是试图寻求使其最满意的而非最优的选择[87]。此外，Kahneman 等在大量实验研究的基础上归纳总结人的有限理性行为，强调人们在面临获得和损失时对同一选择所持的态度是不一样的[88]。张波和隽志才等对前景理论在出行行为研究中的适用性进行了研究，指出对于具体的出行行为研究而言，前景理论是否适用不仅取决于决策问题的性质，而且还要看出行者的个性特征，以及所考虑的选择方案属性是否具有不确定性[89]。为此，交通领域的研究者也对出行者的完全理性假设进行了批判，研究表明出行者的路径选择行为与前景理论的结论相吻合，并建立了基于前景理论的用户最优均衡模型[90-92]；田丽君和黄海军等建立了具有异质参考点的多用户网络均衡模型，指出具有高参考点和低参考点的出行者均倾向于选择风险高的路径以期获得较高的感知价值，而具有中等参考点的出行者则倾向于选择风险较低的路径[93]；基于前景理论和累积前景理论的相关交通出行行为研究也验证了出行者的有限理性和参考点依赖：Mahmassani[94]，Katsikopoulos[95]，Bogers[96]和张杨[92, 97]等先后通过实验或实证研究证明了现实生活中出行者对待风险的态度与前景理论中关于行为决策者对待风险态度的结论相符；Avineri 等将参照点假设应用到交通领域中，以更好地解释出行者出发时刻决策受日常到达时刻信息的影响[98]；Avineri 等运用累积前景理论的成果对公交出行路径选择进行探讨[99]；De Blaeij 等明确指出出行者的风险感知是不容忽视的[100]；Avineri（2006）[91]和 Connors[101]在事先给定参考点取值和参数取值的情况下，将累积前景理论的相关结论应用于出行路径选择建模，并指出参考点取值的大小会对交通流的分布形态产生重要影响；Jou 等在前景理论框架下对随机网络中的通勤者出发时间选择进行了研究[102]；Viti 等的研究旨在分析和量化出行者在评估由于不确定阻抗带来的备选方案的感知误差，将日常的选择过程合理假设为一个自适应学习的过程，研究结果表明：较以往的出行经验而言，人们更依赖于实际出行中获得的信息，且通过数据分析获得了一些运用期望效用理论不能很好解释的研究结论[103]；De Palma 分析了信息以及出行的风险规避行为对交通均衡产生的影响[104]。

综上所述，累积前景理论为人们基于有限理性的行为决策提供了更符合实际的理论分析框架。

2.3.2.4　学习行为对客流分配演化的影响研究

考虑出行者学习能力对出行路径选择的影响在道路网的个体交通分配研究中并不罕见。早在 20 世纪 80 年代中期，Horowitz 等将出行者以往的出行阻抗加权平均值作为当次路径选择的依据，探讨了路径选择过程中的学习行为，但并未考虑信息带来的影响，也并未涉及出行者对出行阻抗的感知差异[105]。近年来，以贝叶斯模型为基础的相关学习机制研究掀起了一股热潮，如 Jha[106]，Chen[107]等，这些模型在处理出行不确定性和出行者对信息获取的反应方面有很好的应用，但仅限于路径选择，不考虑出发时间和出行方式选择[108-110]。除此之外，国内外很多学者从认知差异[66]、风险感知[111]、先进交通信息服务系统（Advanced Traffic Information System，ATIS）信息诱导[2, 112-114]、风险规避[115, 116]和可靠性等[33, 117-119]不同角度对择路模型及分配模型进行了扩展，分别建立了相应的路径选择模型和网络均衡分配模型，但这些研究基于出行者完全理性假设且有充分地把握获取和利用交通信息系统的支持，这与实际情况不太相符。

一些学者运用模拟方法以流量变化、传播和分配的方式来探讨公交网络的演化机制,如黄海军等在公交系统模拟方面基于用户均衡模型做出了较多的贡献[120-122];此外,高自友等采用元胞自动机模型[123-125]或是传染病模型 SIR 方法进行模拟[126],如文献[123]和文献[124]采用元胞自动机模型来构造道路交通流演化网络,在路网不同密度下该模型能模拟出无标度网络;而 Febbraro 等用 Petri 网的方法对公交网络进行了模拟[127];Gao 等通过分析北京公交网络的无标度特性,采用公交网络均衡配流模型,定义了公交网络 Hub 节点的识别方法[128];此外,部分学者从传播动力学角度模拟公交网络的传播行为,如王波等基于 SIS 传播模型,分别在 P 空间下对北京、上海和杭州的 3 个实际公交网络做了传播行为仿真,得到网络中感染节点的密度随时间的变化情况,以及感染节点的稳态密度随传染率的变化情况[129];Yang 等采用 P 空间法针对北京、上海和杭州构建了复杂网络,并用 SIS 模型模拟仿真了具有指数分布特性的 3 个实际公交网络[130],以及文献[131]所建立的公交演化模型的流行病扩散特征,通过比对实际公交网络与这个演化网络的流行病扩散特征,认为实际公交网络应该有正的扩散阈值,这为研究公交网络的流量扩散机理提供了一个思路和方法。

综上所述,关于如何清晰合理地刻画出行者基于认知更新的路径选择行为在道路网交通流量分配方面的研究已成为一个热点[132, 133]。然而,有关公交客流分配问题的研究则较少考虑乘客的学习行为,尽管 Wahba(2004)[114]、Wahba(2006)等[113]、Wahba(2008)[2]等研究中有所考虑,但乘客出行基于学习行为决策的选择机制对公交客流分配乃至整个公交系统的演化尚缺乏内在机制的研究。

2.3.2.5 文献述评与问题提出

从前人的研究来看,城市公交客流分配问题研究主要以规范性研究为主,已有的较多模型和算法大部分都是照搬道路交通分配的经典模型,虽然操作性相对较强,且在乘客选择路径时的数学描述方面更便于理解,但较少考虑行为科学中的个体出行决策机理,对影响乘客路径选择的内在机理缺乏深入研究,本书以此为切入点,从影响乘客路径选择行为的关键因素着手,总结现有研究可能的不足,主要体现在以下4个方面。

随着城市公交智能化的进一步推进,乘客在出行前或出行途中通过移动设备、互联网、多媒体及电子站牌获得实时的公交信息成为可能,这些信息可能是描述性的定性信息,也可能是精准性的量化信息。总之,不管是何种形式的信息,它们都会在一定程度上影响乘客的出发时间或出行路径抉择,这就有可能使得客流在整个城市公交服务网络上的时空分配发生变化[59-61]。且有研究表明,实时公交信息对乘客的出行选择行为存在显著影响[112]。然而,现有的城市公交客流分配模型在评估信息技术对乘客路径选择的影响方面存在一定的局限性,它们对可能提供给乘客的信息并不敏感,也不能很好地评估乘客对可能接收信息所做出的反应[2]。基于此,考虑到乘客对实时公交信息的反应是出行路径选择行为分析的基础,故有必要研究实时信息的公交客流分配问题。

随着我国大中城市建设的步伐加快,城市范围不断扩大,出行距离不断增长,引起公交半径的增加,有相当部分居民出行难以满足直达,往往需要中途换乘才可到达目的地,基于成都市公交数据的分析结果也支持该结论。那么,若要深入研究城市公交客流分配问题,换乘不可避免地成为一个重要的考虑因素。然而,现有研究更多的是以换乘次数最少为目标进行建模优化,并未从本质上探讨因换乘引起的乘客路径选择多样化和复杂化,因此,换乘行为影响下的公交客流分配问题有待进一步深入研究。

对乘客出行做完全理性假设,这与行为决策理论的最新发现和最新成果存在一定的出入,在交通问题研究领域也不例外。尽管基于乘客完全理性假设的经典分配模型遭到批判和质疑,但是基于乘客有限理性的出行决策研究目前并未出现突破性的进展,乘客的有限理性选择和主观能动性的影响作用研究不够深入,有限理性行为分析理论的适用性有待分析和验证,因此,对考虑乘客感知的公交客流分配问题研究十分迫切。

考虑出行者学习能力对出行路径选择的影响在道路网个体交通分配模型研究中并不罕见,关于如何清晰合理地刻画出行者的认知更新和路径选择行为在道路网交通流量分配方面已成为一个研究热点[132,133]。然而,针对公交客流分配问题的研究则较少考虑乘客的学习行为,尽管文献[2]、文献[113]和文献[114]有所考虑,但乘客出行基于学习行为决策的选择机制对公交客流分配乃至整个公交系统的演化尚缺乏内在机制的深入研究。

综上所述,本书将以影响乘客路径选择行为的内外部因素为切入点,以微观个体乘客为研究对象,探讨不同影响因素下的公交客流分配问题,分别是考虑实时信息的公交客流分配、考虑换乘行为的公交客流分配、考虑乘客感知的公交客流分配和考虑学习行为的日常公交系统演化。

结合对公交网络的基本描述,提出了符合乘客路径选择行为的广义公交路径定义;介绍了路段阻抗和路径阻抗的计算方法,提出了有效路径集合的确定方法;解释和说明了包括公交共线、出行策略等在内的与公交客流分配相关的核心概念;简要介绍了公交客流分配问题的定义及理论研究模型的分类。

2.4 本章小结

本章系统地回顾了城市公共交通优先发展的内涵、基本理论和必要性。通过对城市公共交通客流分配的核心概念、分类及其与城市公共交通需求分析的内在关系的深入探讨,为后续研究提供了清晰的研究框架和逻辑起点。在梳理和评价传统公交客流分配问题和行为视角下城市公共交通客流分配的研究现状时,指出了现有研究的不足和未来的研究方向,为后续章节的深入研究提供了坚实的理论基础和明确的研究方向。

第二篇

理论与创新

第 3 章
考虑实时信息的城市公交客流分配研究

随着信息技术的发展，实时信息在城市公交系统中扮演着越来越重要的角色。实时信息不仅能够帮助乘客做出更加明智的出行决策，还能有效优化公交客流分配，提升公共交通系统的运行效率。因此，本章将深入探讨实时信息对乘客出行决策的影响机制，并在此基础上研究基于实时信息的客流分配优化模型与算法。通过案例研究，分析实时信息在客流分配中的实际效果，以期为公交系统的智能化和高效化提供理论支持和实践指导。

3.1 实时信息对乘客出行决策的影响机制

实时信息对乘客出行决策的影响机制主要体现在它如何改变乘客的信息获取和决策过程。在没有实时信息的情况下，乘客可能依赖于经验、直觉或不完全的信息来做出出行决策。然而，实时信息的引入为乘客提供了一个全新的视角，使他们能够实时了解交通状况、预测未来的交通变化，并基于这些信息做出更加明智和灵活的决策。乘客可以根据实时信息调整出行时间、选择最佳路线或更改交通方式，以最大限度地减少出行时间、提高出行效率或避免交通拥堵。

3.1.1 实时信息的作用与影响

实时信息是现代城市公共交通系统中不可或缺的一部分。通过 GPS 定位、移动支付等技术手段，可以获取丰富的实时信息，如公交车辆的位置、

第3章 考虑实时信息的城市公交客流分配研究

速度、载客量等。这些信息对于乘客的出行决策具有重要影响，能够帮助他们更好地选择出行时间和路线。随着公交智能化的进一步推进，乘客在出行前或出行途中通过移动设备、互联网、多媒体及公交电子站牌获得实时信息成为必然，这些信息可能是定性的，也有可能是经量化之后的精准信息。事实上，不管是定性信息还是精准量化信息，都会在一定程度上为乘客出行提供帮助，使乘客对各自的出行更有把握，从而可以根据这些信息选择和调整出发时间或/和出行路径等，这就有可能使得客流在公交服务网络上的时空分配发生变化[59-61, 158, 159]。Dziekan 等构建了站点实时信息对乘客出行影响的思维导图，如图 3-1 所示，通过问卷调查考察电子站牌信息的发布对乘客路径选择行为决策的影响，问卷调查中变量的选取即借鉴此文献[60]。

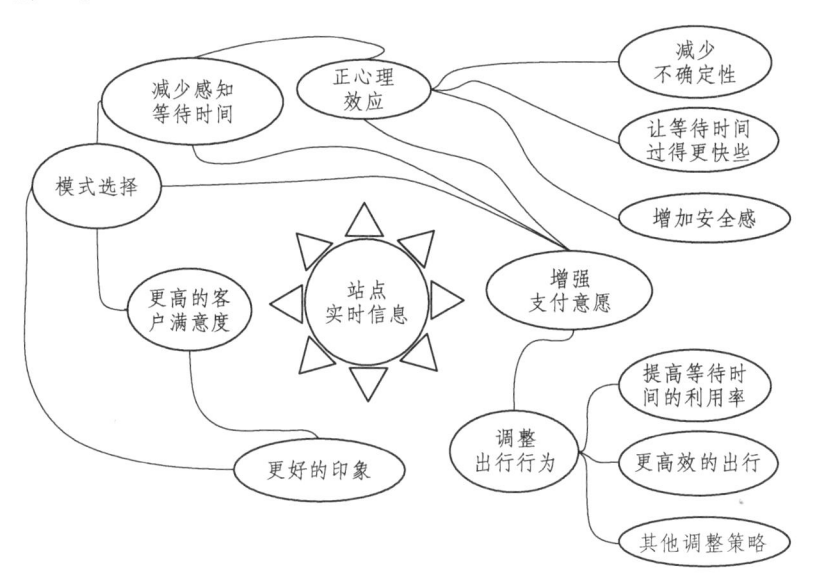

图 3-1 站点实时信息对乘客出行影响的思维导图

目前，对应不同形式公交信息的相关客流分配模型已有一些研究，实时信息对乘客出行决策带来的影响也逐步引起学者们的关注和重视，相关研究也已取得了一定的成果，为本章研究奠定了基础。但是，大部分研究只是单纯地指出实时信息对乘客路径选择行为有较大影响，对可能提供给乘客的信息并不敏感，也不能很好地评估乘客对可能接收到的信息所做出的反应,这在量化评价实时信息对乘客路径选择行为的影响方面有一定的局限性[2]。因此,本章以成都市公交电子站牌信息为研究背景,结合电子站牌信息影响下的乘客路径选择行为决策调查数据,建立基于多项Logit模型和混合Logit模型的路径选择模型,将电子站牌信息这一实时信息对乘客路径选择行为决策的感知影响融入乘客路径选择行为建模,从而更好地反映和描述乘客因获得实时信息对出行路径决策具有主观能动性这一客观事实;并对多项Logit模型和混合Logit模型参数标定结果之间的差异进行对比分析,得出结论。

3.1.2 乘客出行决策的调整与变化

实时信息对乘客出行决策的影响机制是一个复杂而关键的过程,它涉及到多个方面的相互作用,以下是对实时信息影响乘客出行决策机制的简要分析。

(1)信息获取与感知:乘客首先需要通过各种渠道(如手机APP、电子站牌、社交媒体等)获取实时公交信息。这些信息包括公交车辆的位置、预计到站时间、路线拥堵情况等。乘客在获取这些信息后,会根据自己的出行需求、时间安排和偏好进行感知和解读。

(2)出行决策调整:基于获取的实时信息,乘客会开始评估和调整自己的出行决策。例如,如果某条线路的公交车即将到站,乘客可能会选择等待该线路的车辆;如果某条线路拥堵严重,乘客可能会选择换乘其他线路或改变出行时间。此外,实时信息还可能影响乘客的目的地选择,例如,如果某个地方拥堵严重,乘客可能会选择去其他地方。

(3)出行过程中的决策调整:在出行过程中,乘客可能会根据实时信息的变化进行决策调整。例如,如果乘客在乘坐公交车时发现前方道路拥堵,他可能会选择提前下车并步行到达目的地;或者如果乘客发现实际等待时间与预期不符,他可能会调整后续行程的计划。

(4)心理和行为影响:实时信息不仅直接影响乘客的出行决策,还会对乘客的心理和行为产生间接影响。例如,准确的实时信息可以减少乘客的焦虑和不确定性,提高出行满意度;而错误的或延迟的实时信息可能导致乘客的出行计划被打乱，产生不满和抱怨。

综上所述，实时信息在乘客出行决策中起到了至关重要的作用，其影响机制是一个多因素、多层次的动态过程。乘客在出行过程中，从信息的获取到感知，再到决策调整以及心理和行为变化，每一步都紧密相连、相互影响。为了优化乘客的出行体验和效率，公交系统必须提供准确、及时且易获取的实时信息，并充分考虑到乘客的个性化需求和偏好。通过这样的方式，实时信息能够在乘客出行决策的各个环节中发挥最大效用，提高出行决策的科学性和高效性。

3.1.3 实时信息在城市公共交通客流分配中的应用

实时信息在城市公共交通客流分配中发挥着重要作用。通过对客流量的实时感知和预测，运营者可以优化线路和运力调配，提升乘客的出行体验。同时，实时信息也为乘客提供了更多的选择和便利，使他们的出行更加高效和舒适，实时信息在城市公共交通客流分配中的应用主要体现在以下几个方面：

（1）实时信息对客流分配的影响

① 客流量的实时感知：通过实时信息，运营者可以准确感知各站点的客流量情况，包括进站、出站、换乘等数据。

② 客流动态预测：基于实时数据，结合历史数据和其他影响因素，可以对未来的客流量进行动态预测。

（2）客流分配的优化与调整

① 线路优化：根据实时客流量数据，可以对线路进行优化，如增加或减少班次、调整发车间隔等。

② 运力调配：根据客流量的实时变化，及时调配运力，确保高峰时段有足够的运力满足乘客需求。

（3）提升乘客出行体验

① 信息透明：乘客可以通过手机 APP、站台显示屏等途径获取实时信

息,了解各线路的客流情况,从而做出更合理的出行选择。

② 减少等待时间:通过实时信息,乘客可以了解车辆的到站时间,合理安排出行时间,减少等待时间。

3.2 基于实时信息的客流分配优化模型与算法

在研究交通行为分析和建模上,离散选择模型的应用最为广泛,关于离散选择模型的基本理论和核心思想在前文有较详细的介绍,此处就不再赘述。由于本章主要用到多项 Logit 模型和混合 Logit 模型,下面简要介绍这两种模型和参数估计的基本原理和主要步骤。

3.2.1 多项 Logit 模型

(1) 基本介绍

多项 Logit 模型,通常被称为"评定模型"或"分类评定模型",它是最早出现的一种离散选择模型,由于其选择概率计算公式为封闭型,因而在社会学、生物统计学、计量经济学、交通行为等众多领域得到了推广应用。

多项 Logit 模型的效用函数通常采用线性函数形式,如式(3-1)所示,若随机项 ε 服从二重指数分布,那么,各选择项的选择概率函数,见式(3-2)。

$$U_{in} = V_{in} + \varepsilon_{in}, \quad V_{in} = \sum_{i=1}^{N} \alpha_i x_i \tag{3-1}$$

$$P_{in} = \exp(V_{in}) \bigg/ \sum_{j \in A_n} \exp(V_{jn}) \tag{3-2}$$

其中,U_{in} 为效用函数,V_{in} 为效用的固定项,ε_{in} 为效用的随机项,x_i 为解释变量,α_i 为与解释变量对应的待定系数,A_n 为备选方案集合[149]。当选择项为两项时,则为二项 Logit(Binary Logit,BL)模型,各选项的选择概率详见式(3-3)和式(3-4)。

$$P_{1n} = \exp(V_{1n}) / [\exp(V_{1n}) + \exp(V_{2n})] \tag{3-3}$$

$$P_{2n} = \exp(V_{2n}) / [\exp(V_{1n}) + \exp(V_{2n})] \tag{3-4}$$

第 3 章 考虑实时信息的城市公交客流分配研究

（2）模型优缺点

由式（3-2）可知，多项 Logit 模型的函数形式相对比较简单，其选择概率计算公式为封闭型，为实现求解算法的编程提供了便利，且易于解释，因而在交通行为分析和建模领域得到了广泛应用。但是，IIA 问题是人们最常提及的多项 Logit 模型的问题之一，详见式（3-5）。

$$\frac{P_{in}}{P_{jn}} = \frac{\exp(V_{in}) \big/ \sum_{k \in A_n} \exp(V_{kn})}{\exp(V_{jn}) \big/ \sum_{k \in A_n} \exp(V_{kn})} = \frac{\exp(V_{in})}{\exp(V_{jn})} = \exp(V_{in} - V_{jn}) \quad (3\text{-}5)$$

由于 IIA 问题的存在，使得任意两个方案的选择概率比值不受其他任何方案的效用函数固定项的影响。对公交路径选择而言，就是任意两条路径选择概率的比值不受其他任何路径效用函数固定项的影响，这会使得客流量的分配产生一些不尽合理甚至错误的结果。下面运用最能反映多项 Logit 模型 IIA 问题的"红色公共汽车-绿色公共汽车问题"进行解释说明。

假设只有私家车和红色公交车这两种交通方式可供选择，且选择这两种交通方式的效用函数的固定项值相同，由式（3-6）可知，选择私家车和红色公交车的概率相同，均为 0.5。在这种情况下，若增设除颜色以外其他特性跟红色公交车完全相同的绿色公交车，则有私家车、红色公交车和绿色公交车这 3 种交通工具可供选择，同理可得，这 3 种交通工具的效用函数的固定项数值也应相同，由式（3-7）可知，3 种交通工具的选择概率均为 1/3，较之前减少了 1/6。然而，从直觉上而言，色彩一般不会影响乘客的出行效用，那么也就不会对公交车的选择概率产生影响，而式（3-6）和式（3-7）的计算结果显然与人们的直觉存在较大差异。

$$P_{car} = P_{redbus} = \frac{e^{V_{car}}}{e^{V_{car}} + e^{V_{redbus}}} = 0.5 \quad (3\text{-}6)$$

$$P_{car} = P_{redbus} = P_{greenbus} = \frac{e^{V_{car}}}{e^{V_{car}} + e^{V_{redbus}} + e^{V_{greenbus}}} = \frac{1}{3} \quad (3\text{-}7)$$

通过上述分析，我们发现，多项 Logit 模型存在过高评价相似性较高方案的选择概率，而过低评价相似性较低方案的选择概率问题，其根本原因在于多项 Logit 模型的概率项相互独立这一前提假设，同理可知，基于概率项相互独立假设的其他 Logit 模型同样存在类似的问题。因此，当选择方案具有较多的相似特性时，为避免因 IIA 问题带来的影响，可考虑运用嵌套 Logit 模型、混合 Logit 模型等模型。

（3）参数估计

极大似然估计是最常用的参数估计方法。首先确定似然函数或对数似然函数，接着确定梯度向量 ∇L 及黑塞矩阵向量 $\nabla^2 L$，然后运用牛顿迭代法（Newton-Raphson Method）计算最优估计值 $\hat{\theta}$，再计算方差协方差向量 $E[-\nabla^2 L(\hat{\theta})]$，最后运用 t 检验和优度比等指标对模型精度进行检验，参数估计的具体步骤，详见图 3-2。

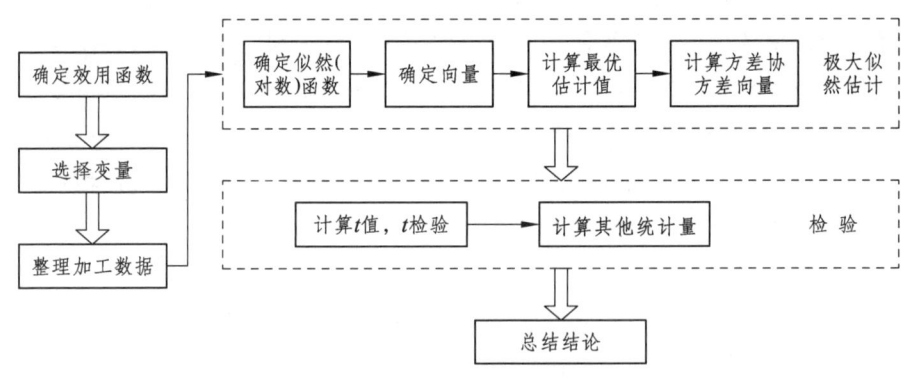

图 3-2　参数估计与检验流程

3.2.2　混合 Logit 模型

（1）基本介绍

混合 Logit 模型以多项 Logit 模型为基础，却又明显区别于它。与多项 Logit 模型相比，混合 Logit 模型的效用函数由可观测效用 βX_{in}、误差项 ξ_{in} 和随机项 ε_{in} 这 3 个部分构成，详见式（3-8），其中，误差项 ξ_{in} 的分布形式视具体情况而定，比较典型的分布有正态分布、对数正态分布、均匀分布和约翰逊 S_B 分布等，其中，均匀分布适用于二分类变量，正态分布适用于无序多分类变量，对数正态分布适用于符号为正的变量。ξ_{in} 的引入允许各

第3章 考虑实时信息的城市公交客流分配研究

选择项之间存在相关性,从而使得混合 Logit 模型能较好地解决 IIA 问题。

若决策者 n 选择方案 i 的概率为 P_{in},那么,P_{in} 是条件选择概率 $L_{in}(\beta)$ 的积分,$f(\beta/\theta)$ 是权重密度函数,效用函数和选择概率函数,详见式(3-8)至式(3-11)。

$$U_{in} = \beta X_{in} + \xi_{in} + \varepsilon_{in} \tag{3-8}$$

$$V_{in} = \beta X_{in} + \xi_{in} \tag{3-9}$$

$$L_{in}(\beta) = \frac{\exp(V_{in}(\beta))}{\sum_{i,j \in A_n} \exp(V_{jn}(\beta))} \tag{3-10}$$

$$P_{in} = \int L_{in}(\beta) f(\beta/\theta) \mathrm{d}\beta \tag{3-11}$$

其中,式(3-10)表示的 $L_{in}(\beta)$ 是多项 Logit 模型的选择概率,由此可知混合 Logit 模型的选择概率实则是多项 Logit 模型选择概率的加权;式(3-11)中,$f(\beta/\theta)$ 是服从某种分布的概率密度函数,它可以是连续函数,也可以是离散函数,在实际应用中,通常被假定为连续的,比较典型的分布有正态分布、对数正态分布、均匀分布以及约翰逊 S_B 分布等。Andrews 等通过实证分析方法对 $f(\beta/\theta)$ 分别为离散分布、连续分布及混合分布时的性能差异进行了比较[160]。需要说明的是,$f(\beta/\theta)$ 往往通过参数 θ 来描述,比如正态分布通常运用均值和标准差进行描述。

(2)模型优缺点

由式(3-11)可知,混合 Logit 模型的待估参数可服从任意形式的分布函数,因此它又被称为随机参数 Logit 模型,只要采用适当的参数分布函数,就能较合理地解释由于个体偏好不同而导致的选择行为差异,从而能有效避免多项 Logit 模型和其他离散选择模型的缺陷[161-163]。

接下来,对混合 Logit 模型为何能有效避免 IIA 问题的原因作出解释:混合 Logit 模型的各个选项之间的相对概率之所以不再是一成不变,是因为误差项 ξ_{in} 的引入,决策者 n 选择方案 i 的概率 P_{in} 与选择方案 j 的概率 P_{jn} 的第 m 个解释变量的替代率可通过式(3-12)进行计算。

$$e = \frac{\partial P_{in}}{P_{in}} \bigg/ \frac{\partial x_{jn}^m}{x_{jn}^m}$$
$$= -\int \beta^m \frac{\exp(V_{in})}{\sum_j \exp(V_{jn})} \left(\frac{\exp(V_{in})}{\sum_j \exp(V_{jn})} \bigg/ P_{in} \right) f(\beta/\theta) \mathrm{d}\beta \quad (3\text{-}12)$$

由式（3-12）可知，若第 j 个选择方案的第 m 个解释变量发生变化，其他方案的选择概率改变的比值是不相同的，这是混合 Logit 模型对数据没有独立性要求的根本原因，其随机参数分布形式能够表达决策者的个人偏好，能有效避免因 IIA 问题造成的偏差，因而更适合分析个体选择行为的差异性。Train 等从理论上论证了只要采用合适的分布函数，混合 Logit 模型能够近似模拟任何形式的离散选择模型[135]。更重要的是，混合 Logit 模型不仅可以避免多项 Logit 模型 IIA 问题的限制，而且不像 Probit 模型那样受限于正态分布。但是，混合 Logit 模型的非封闭概率形式使得求解相对困难，从而限制了它的推广和应用。直到 20 世纪 80 年代，随着计算机技术的成熟、计算机运算速度的提高和仿真算法的出现，混合 Logit 模型才逐步得到重视和应用。

（3）蒙特卡洛模拟方法

蒙特卡洛模拟方法通常将需求解的问题和概率模型联系起来，通过计算机模拟得到问题的近似解，因此它也被称为统计试验法、随机模拟法、随机抽样技术或统计试验法。蒙特卡洛模拟方法在很多领域得到了广泛运用，如医学统计问题、复杂数学问题计算、工程系统分析、随机过程模拟以及可靠性评估等。

运用蒙特卡洛模拟方法求解问题的基本思想为：当所需求解的问题为某种事件出现的概率，或者是某个随机变量的期望值时，可通过某种"试验"方法，得到该类事件出现的频率，也就是这个随机变量的平均值，并用它作为问题的解，求解主要包括以下 3 个步骤：

① 根据问题特征，构建概率模型或随机过程，使其统计特征能很好地刻画所需求解的问题，这是最关键也是最困难的一步。

② 针对选取的随机变量，利用计算机产生随机数，确定随机抽样方法，

第 3 章 考虑实时信息的城市公交客流分配研究

进行大量的统计试验,取得所求问题的大量试验值,依此计算所求参数的统计特征。

③ 获取统计估计值。根据试验结果计算概率统计的估计值,也就是问题的解。

(4) 参数估计

由于式(3-11)为隐性函数,积分没有固定的形式,当 β 的维数较大时,积分运算将变得十分复杂而难以通过解析法求解,故宜借助仿真方法求解[135]。其中,蒙特卡洛模拟是较适用于混合 Logit 模型求解的仿真方法。下面具体说明运用蒙特卡洛模拟方法近似求解混合 Logit 模型的主要步骤。

① 构建所需求解问题的概率模型,详见式(3-11)。

② 求解仿真概率 $\widehat{P_{in}}$,确定 P_{in} 的估计值 $\widehat{P}_{in}$。

首先,给定 θ 取值,从密度函数 $f(\beta/\theta)$ 中随机抽取一个随机向量 β,记为 β_r,并记第一次抽取为 $r=1$;然后,$L_{in}(\beta_r)$ 的值由式(3-10)计算可得;接下来,前面两个步骤被重复 R 次;最后,$L_{in}(\beta_r)$ 的均值由式(3-13)计算可得,将该值作为选择概率的仿真值。

$$\widehat{P_{in}} = \frac{1}{R}\sum_{r=1}^{R}L_{in}(\beta_r) = \frac{1}{R}\sum_{r=1}^{R}\frac{\exp(V_{in}(\beta))}{\sum_{i,j\in A_n}\exp(V_{jn}(\beta))} \quad (3\text{-}13)$$

③ 构造极大似然算子。

N 为样本容量,I 为选择方案个数;δ_{in} 为 0-1 辅助变量,当决策者选择方案 i 时,$\delta_{in}=1$,否则 $\delta_{in}=0$;然后,构建样本仿真似然函数,详见式(3-14);最后,取式(3-14)的对数形式,确定对数似然函数,详见式(3-15)。

$$SL(\beta) = \prod_{n=1}^{N}\prod_{i=1}^{I}\widehat{P}_{in}^{\delta_{in}} \quad (3\text{-}14)$$

$$LL(\beta) = \sum_{n=1}^{N}\sum_{i=1}^{I}\delta_{in}\ln\widehat{P}_{in} = \sum_{n=1}^{N}\sum_{i=1}^{I}\delta_{in}\ln\left(\frac{1}{R}\sum_{r=1}^{R}\frac{\exp(V_{in}(\beta))}{\sum_{i,j\in A_n}\exp(V_{jn}(\beta))}\right) \quad (3\text{-}15)$$

④ 改变 θ 取值，直到仿真极大似然算子取得最大值，求解 θ 值。

此时，混合 Logit 模型的求解已经转换为多项 Logit 模型的求解问题，参数估计过程也与多项 Logit 模型的参数估计过程一致，我们把该方法称为极大模拟似然估计法。在得到各参数的估计值之后，由式（3-13）计算决策者选择各方案的比例。需要注意的是，在混合 Logit 模型中，指定哪一项系数为随机系数以及随机系数的分布形式是参数估计的前提，在实际应用中，应根据具体情况而定。

3.2.3 基于实时信息的路径选择建模

3.2.3.1 解释变量

便于后续分析，此处仅考虑同一 OD 对间存在两条共线的公交线路，若为多条，思路和方法是一致的。为了考察该情况下电子站牌信息对乘客路径选择行为的影响，在个人社会经济属性方面选取了性别、年龄、学历、职业、月平均收入和平均每周早高峰搭乘公交次数这 6 个变量，电子站牌信息影响乘客感知的特性变量选取了"电子站牌信息让您心里有底，好提前做好赶哪趟车的准备"（之后简记为是否利于预先选择线路）、"电子站牌信息对您估计等车时间有帮助"（之后简记为是否利于估计等车时间）、"电子站牌信息对减少您的感知等待时间有帮助"（之后简记为是否利于减少感知等待时间）、"电子站牌信息对您打发和利用等车时间有帮助"（之后简记为是否利于更有效利用等车时间）这 4 个变量，变量设置详见表 3-1。

表 3-1　变量设置

解释变量归属	变量名称	变量说明
个人社会经济属性特性变量	性　别	1. 男性　　　　　　2. 女性
	年　龄	1. 18 岁及以下　2. 19~29 岁 3. 30~39 岁　　4. 40~49 岁 5. 50~59 岁　　6. 60 岁及以上
	学　历	1. 高中及以下　　2. 大专及本科 3. 硕士研究生及以上

续表

解释变量归属	变量名称	变量说明
个人社会经济属性特性变量	职业	1. 企事业单位员工　2. 公务员 3. 离退休人员　　4. 学生 5. 自由职业者　　　6. 其他
	月平均收入	0. 没有收入来源　1. 2000 元及以下 2. 2001~3000 元　3. 3001~5000 元 4. 5001~8000 元　5. 8000 元以上
	平均每周早高峰搭乘公交次数	0. 平时很少坐公交　1. 1 次 2. 2 次　　　　　　3. 3 次 4. 4 次　　5. 5 次　6. 5 次以上
电子站牌信息影响乘客感知的特性变量	是否利于预先选择线路	5. 非常同意　4. 有点同意　3. 说不清 2. 有点不同意　1. 非常不同意
	是否利于估计等车时间	
	是否利于减少感知等待时间	
	是否利于更有效利用等车时间	

表 3-1 对各解释变量进行了设置，如乘客的年龄被划分为 6 个组别；类似地，学历、职业、月平均收入和平均每周早高峰搭乘公交次数等也均被相应划分了组别，表 3-2 为与表 3-1 对应的解释变量符号定义。

表 3-2　解释变量符号定义

选择方案	个人属性特性变量						电子站牌信息影响变量			
	性别	年龄	学历	职业	收入	次数	预先选择线路	估计等车时间	减少感知时间	利用等车时间
路径 1	y_n^1	y_n^2	y_n^3	y_n^4	y_n^5	y_n^6	x_{1n}^7	x_{1n}^8	x_{1n}^9	x_{1n}^{10}
路径 2							x_{2n}^7	x_{2n}^8	x_{2n}^9	x_{2n}^{10}
未知参数	β_1	β_2	β_3	β_4	β_5	β_6	β_7	β_8	β_9	β_{10}

3.2.3.2　路径选择行为建模

（1）基于多项 Logit 模型的路径选择

根据 3.2.3.1 节选定的解释变量，建立基于多项 Logit 模型的路径选择效用函数和路径选择概率函数，详见式（3-16）至式（3-18），此处将乘客个人社会经济属性特性变量加载于路径 1 上。

$$V_{1n} = \beta_0 + \sum_{j=1}^{6}\sum_{k=1}^{6} \beta_j y_n^k + \sum_{j=7}^{10}\sum_{k=7}^{10} \beta_j x_{1n}^k \tag{3-16}$$

$$V_{2n} = \sum_{j=7}^{10}\sum_{k=7}^{10} \beta_j x_{1n}^k \tag{3-17}$$

$$P_{1n} = \frac{e^{V_{1n}}}{e^{V_{1n}} + e^{V_{2n}}}, \quad P_{2n} = \frac{e^{V_{2n}}}{e^{V_{1n}} + e^{V_{2n}}} \tag{3-18}$$

其中，V_{1n} 表示乘客 n 选择路径 1 的固定效用；V_{2n} 表示乘客 n 选择路径 2 的固定效用；x_{in}^k 表示乘客 n 选择路径 i 的特性变量中的第 k 个解释变量，若乘客选择路径 1，则 x_{1n}^7 表示电子站牌信息让乘客提前做好打算赶哪趟车的准备（存在公交共线的情况），x_{1n}^8 表示电子站牌信息是否利于估计等车时间，x_{1n}^9 表示电子站牌信息是否利于减少乘客感知等待时间，x_{1n}^{10} 表示电子站牌信息是否利于更有效地利用等车时间；y_n^k 表示乘客 n 的个人社会经济属性变量的第 k 个解释变量，如 y_n^1 表示性别，y_n^2 表示年龄，y_n^3 表示学历，y_n^4 表示职业，y_n^5 表示月平均收入，y_n^6 表示平均每周早高峰搭乘公交次数。

（2）基于混合 Logit 模型的路径选择

与多项 Logit 模型一样，仍将乘客的个人社会经济属性变量加载于路径 1 上，不同的是，基于混合 Logit 模型的路径选择建模，首先需指定哪些系数为随机系数以及随机系数的分布形式，基于混合 Logit 模型的路径选择模型详见式（3-19）至式（3-22）。

$$V_{1n} = \beta_0 + \sum_{j=1}^{6}\sum_{k=1}^{6} \beta_j y_n^k + \sum_{j=7}^{10}\sum_{k=7}^{10} \beta_j x_{1n}^k + \xi_{1n} \tag{3-19}$$

$$V_{2n} = \sum_{j=7}^{10}\sum_{k=7}^{10} \beta_j x_{1n}^k + \xi_{2n} \tag{3-20}$$

$$L_{in}(\beta) = \frac{\exp(V_{in}(\beta))}{\sum_{i,j \in A_n} \exp(V_{jn}(\beta))} \tag{3-21}$$

第 3 章　考虑实时信息的城市公交客流分配研究

$$P_{1n} = \int L_{1n}(\beta)f(\beta/\theta)\mathrm{d}\beta, \quad P_{2n} = \int L_{2n}(\beta)f(\beta/\theta)\mathrm{d}\beta \quad (3\text{-}22)$$

结合 3.2.2 节的参数估计步骤，运用蒙特卡洛方法模拟求解混合 Logit 模型中的概率函数，具体步骤如下：

① 采用随机数产生器生成 300 个服从标准正态分布的随机数 κ，$\kappa \sim N(0,1)$，得到待估参数 β 的 300 个随机数，即 $\beta_1 = \mu + \kappa_1\sigma$，$\beta_2 = \mu + \kappa_2\sigma$，…，$\beta_{300} = \mu + \kappa_{300}\sigma$。

② 确定 P_{rn} 的估计值，即仿真概率 $\widehat{P_{rn}}$，详见式（3-23）。

$$\widehat{P_{rn}} = \frac{1}{300}\sum_{n=1}^{300}\frac{\exp(V_{rn}(\beta))}{\sum_{r,k \in R_w}\exp(V_{kn}(\beta))} \quad (3\text{-}23)$$

③ 构建极大似然算子，记样本值为 N，可供选择的路径数目为 R，样本仿真似然函数，详见式（3-24）。取式（3-24）的对数形式，则可得仿真极大似然算子 $LL(\beta)$，详见式（3-25）。

$$SL(\beta) = \prod_{n=1}^{N}\prod_{r=1}^{R}\widehat{P_{rn}}^{\delta_{rn}} \quad (3\text{-}24)$$

$$LL(\beta) = \sum_{n=1}^{N}\sum_{r=1}^{R}\delta_{rn}\ln\widehat{P_{rn}} \quad (3\text{-}25)$$

其中，$\delta_{rn} = \begin{cases} 1, \text{乘客}n\text{选择OD对间可行路径}r, r=1,2,\cdots,R\text{为可行路径数目} \\ 0, \text{其他} \end{cases}$。

④ 确定梯度向量 ∇L 和黑塞矩阵 $\nabla^2 L$；运用拟牛顿迭代法获取 β 的参数最优值，若为正态分布，即为均值 μ 和标准差 δ。

3.3　案例研究：实时信息在客流分配中的实际效果分析

3.3.1　数据概况

以成都市公交电子站牌为研究背景，运用 SP 调查方法搜集电子站牌信息下的乘客路径选择行为决策意向数据，详见附录 1。结合调查所得数据资料，根据个人社会经济属性和电子站牌信息影响乘客感知方面的属性，设定因变量为二值响应变量，基于多项 Logit 模型和混合 Logit 模型进行路径选择行为建模，并对二者的参数估计结果进行比较分析。

3.3.2 基于实时信息的路径选择建模

（1）基于多项 Logit 模型的路径选择

首先，通过整理和筛选回收问卷获得基础数据；接着，对数据进行标准化处理，然后运用 SAS 软件的 MDC 模块构建并分析多项 Logit 模型，参数估计结果见表 3-3。

表 3-3　多项 Logit 模型参数估计结果

变量	第一次估计 参数值	第一次估计 t 值	第二次估计 参数值	第二次估计 t 值	第三次估计 参数值	第三次估计 t 值
性 别	0.1371	2.104*	0.1293	1.878	—	—
年 龄	0.2108	2.113*	0.2036	1.982*	—	—
学 历	0.2963	1.278	—	—	—	—
职 业	0.0301	0.118	—	—	—	—
月平均收入	0.1126	1.213	—	—	—	—
平均每周早高峰搭乘公交次数	0.4261	4.482**	0.4165	4.691**	0.4018	5.831**
是否利于预先选择线路	0.2026	5.244**	0.2018	6.409**	0.2003	6.814**
是否利于估计等车时间	0.3683	2.849**	0.3527	3.238**	0.3471	3.564**
是否利于减少感知等待时间	0.3321	3.978**	0.3304	4.461**	0.3293	5.457**
是否利于更有效利用等车时间	0.3568	2.691**	0.3540	2.874**	0.3413	3.219**
$\overline{\rho^2}$	0.2776		0.2893		0.3043	
$L(0)$	−473.4		−473.4		−473.4	
$L(\beta)$	−396.1		−396.3		−396.7	
命中率	71.5%		71.4%		71.7%	

注：*显著性检验水平为 5%，**显著性检验水平为 1%。

第一次估计结果中，"学历""职业"和"月平均收入"t 检验的绝对值都小于 1.96，未能通过检验，其他参数通过检验，说明"学历""职业"和"月平均收入"这 3 个变量对模型解释的影响不够显著；剔除第一次未通

第3章 考虑实时信息的城市公交客流分配研究

过检验的参数,再次导入标准化数据,结果显示:"性别"未通过检验,其他变量均通过检验;剔除第二次未通过检验的参数,再次导入标准化数据,结果显示:"年龄"未通过检验,"平均每周早高峰搭乘公交次数""是否利于预先选择线路""是否利于估计等车时间""是否利于减少感知等待时间"和"是否利于更有效利用等车时间"这 5 个变量通过检验,说明这些变量对模型解释的影响显著。在最终的参数估计结果中,个人属性特性变量只有"平均每周早高峰搭乘公交次数"通过检验,且影响显著,据此将调查样本分类,再次进行估计,估计结果见表3-4。

表 3-4 按照平均每周早高峰搭乘公交次数分类后的参数估计结果

变量	平时很少坐公交 参数值	平时很少坐公交 t值	每周1~3次 参数值	每周1~3次 t值	每周>3次 参数值	每周>3次 t值
是否利于预先选择线路	0.2243	4.763**	0.2902	5.367**	0.3017	6.734**
是否利于估计等车时间	0.3752	3.137**	0.3840	3.785**	0.3958	4.025**
是否利于更有效利用等车时间	0.4516	3.119**	0.4609	3.036**	0.4783	3.101**
是否利于减少感知等待时间	0.4704	4.784**	0.4725	4.912**	0.4991	5.208**
$\overline{\rho^2}$	0.2713		0.3019		0.3314	
$L(0)$	−287.4		−328.9		−373.3	
$L(\beta)$	−226.3		−279.1		−313.5	
命中率	67.1%		73.2%		77.6%	

注:*显著性检验水平为 5%,**显著性检验水平为 1%。

由表 3-3 和表 3-4 可知,按照平均每周早高峰搭乘公交次数分类后的参数估计结果和未进行分类的参数估计结果存在一些差异,尤其是变量"是否利于更有效利用等车时间"和"是否利于减少感知等待时间"对应的参数值。分类样本对"是否利于更有效利用等车时间"的敏感程度较未分类样本高:对于平时较少坐公交的人群、平均每周搭公交 1~3 次的人群、平均每周搭公交大于 3 次的人群,他们的敏感程度分别是未分类样本的 1.323 倍、1.350 倍和 1.401 倍;同样,分类样本对"是否利于减少感知等待时间"的敏感程度较未分类样本高:对于平时早高峰较少坐公交人群、平均每周早高峰搭公交 1~3 次人群、平均每周早高峰搭公交大于 3 次人群，他们的敏感程度分别是未分类样本的 1.428 倍、1.435 倍和 1.516 倍。由此可知，按照平均每周早高峰搭乘公交次数分类后的参数估计结果更符合实际情况：常乘客更善于运用电子站牌信息，能据此更好地估计等车时间，在更有效利用等车时间的同时会减少他/她的感知等待时间，这就无形提高了乘客对公交服务水平的感知，为保持现有公交客户及吸引其他出行者提供一定的服务保障。

（2）基于混合 Logit 模型的路径选择

多项 Logit 模型的参数均为固定值，混合 Logit 模型的参数由于可以服从指定形式的分布函数而不固定。因此，在进行混合 Logit 模型参数估计之前，首先需要指定哪些系数为随机系数及随机系数的分布形式。正态分布和对数正态分布是随机系数最常见的两种分布形式，对于服从正态分布的随机变量，参数 μ 和 σ 分别表示变量的均值和标准差；对于服从对数正态分布的随机系数而言，后续表 3-5 至表 3-7 中的均值 μ 和标准差 σ 分别表示对数正态分布所对应正态分布的均值和标准差。

将问卷调查数据整理成混合 Logit 模型的标准数据格式，调用 SAS 软件的 MDC 模块构建并分析混合 Logit 模型，首先设定除常数项以外的所有变量为随机变量，参数估计的结果会出现均值和标准差，估计结果见表 3-5。

表 3-5 设定所有系数随机的参数估计结果

随机系数	参数估计值	
	均值	标准差
性　别	0.1371（2.9324）	0.0096（2.5419）
年　龄	0.1108（1.9383）	0.1106（1.0312）
学　历	0.2963（1.9472）	0.0171（2.9148）
职　业	−0.0301（1.2767）	0.0021（1.0027）
月平均收入	−0.1126（1.9472）	0.0296（1.0002）
平均每周早高峰搭乘公交次数	0.4947（1.6219）	0.0787（1.0392）
是否利于预先选择线路	0.4541（1.6232）	0.0837（1.1374）

第3章 考虑实时信息的城市公交客流分配研究

续表

随机系数	参数估计值	
	均值	标准差
是否利于估计等车时间	0.4264（1.0936）	0.0779（1.0768）
是否利于更有效利用等车时间	0.4192（1.0421）	0.0881（1.3871）
是否利于减少感知等待时间	0.2434（1.6438）	0.0978（1.0941）
对数似然函数收敛值	−202.4137	

由表3-5可知，"性别""学历""职业"和"月平均收入"的标准差都很小，说明这些系数的取值趋向于均值，且这些参数的估计值与设定它们为固定系数时没多大区别，故设定它们为固定系数，这样既不会降低预测精度，还能较大程度提高模型参数的估计效率；设定"年龄""平均每周早高峰搭乘公交次数""是否利于预先选择线路""是否利于估计等车时间""是否利于更有效利用等车时间"和"是否利于减少感知等待时间"为随机系数，并假设它们都服从正态分布，再次进行参数估计，结果见表3-6。

表3-6 设定部分系数随机的估计结果一

固定系数	参数估计值	
性　别	0.1370（2.9321）	
学　历	0.2964（1.9471）	
职　业	0.0303（1.2771）	
月平均收入	0.1127（1.9473）	
随机系数	参数估计值	
	均值	标准差
年　龄	0.1107（1.9384）	0.1103（1.0311）
平均每周早高峰搭乘公交次数	0.4946（1.6218）	0.0786（1.0389）
是否利于预先选择线路	0.4542（1.6233）	0.0836（1.1373）
是否利于估计等车时间	0.4263（1.0937）	0.0778（1.0767）
是否利于更有效利用等车时间	0.4191（1.0423）	0.0882（1.3874）
是否利于减少感知等待时间	0.2433（1.6439）	0.0977（1.0943）
对数似然函数收敛值	−202.4136	

正态分布是最常见的用于随机变量的分布形式,且较多关于混合 Logit 模型参数估计的研究也都设定随机系数服从正态分布,但由于正态分布在零的两侧均有分布,对于某些变量则不太合理,如表 3-6 设定平均每周早高峰搭乘公交次数服从正态分布就不太合理,因此,设定其服从对数正态分布,对模型进行再次估计,结果见表 3-7。

表 3-7 设定部分系数随机的估计结果二

固定系数	参数估计值	
性别	0.1370(2.9321)	
学历	0.2964(1.9471)	
职业	0.0303(1.2771)	
月平均收入	0.1127(1.9473)	
随机系数	参数估计值	
	均值	标准差
年龄	0.1109(1.9384)	0.1104(1.0311)
平均每周早高峰搭乘公交次数	0.4947(1.6218)	0.0787(1.0389)
是否利于预先选择线路	0.4544(1.6233)	0.0837(1.1373)
是否利于估计等车时间	0.4264(1.0937)	0.0778(1.0767)
是否利于更有效利用等车时间	0.4191(1.0422)	0.0884(1.3874)
是否利于减少感知等待时间	0.2433(1.6439)	0.0979(1.0943)
对数似然函数收敛值	−202.4135	

由表 3-5 至表 3-7 可知:混合 Logit 模型的参数由于可以服从指定形式的分布函数而不固定,参数估计具有较高的精度和更令人满意的稳定性,能较好地针对因个体偏好不同而导致的选择行为差异做出合理的解释。结果表明:表 3-7 对系数的设定最符合实际情况,变量"性别""学历""职业"和"月平均收入"的系数为固定系数,其他变量的系数为随机系数,除平均每周早高峰搭乘公交次数为服从对数正态分布外,其他系数均服从正态分布。

3.3.3 结果分析

根据表 3-5 至表 3-7 的估计结果,可得各路径选择比例,将实际调查结果与理论预测结果进行对比分析,如表 3-8 和图 3-3 所示。

表 3-8 实际调查结果与理论预测结果对比分析

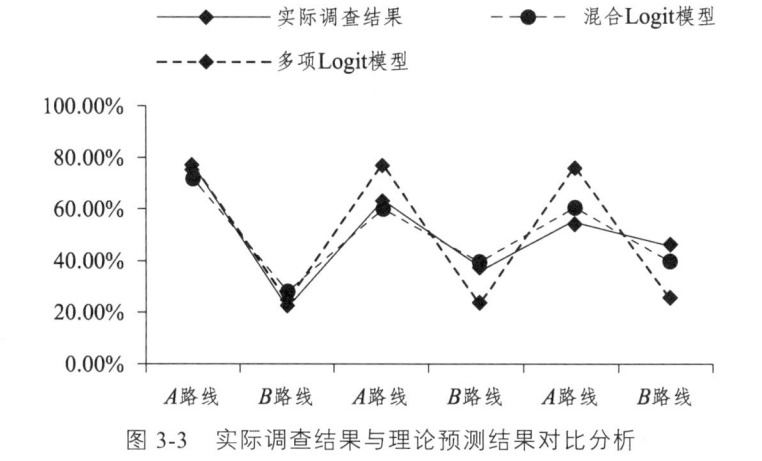

结果	第一种情况		第二种情况		第三种情况	
	A 线路	B 线路	A 线路	B 线路	A 线路	B 线路
实际调查结果	77.24%	22.76%	63.13%	36.87%	54.44%	45.56%
混合 Logit 模型	72.09%	27.91%	60.31%	39.69%	60.49%	39.51%
多项 Logit 模型	75.21%	24.79%	76.56%	23.44%	75.23%	24.77%

图 3-3 实际调查结果与理论预测结果对比分析

结合表 3-8 和图 3-3 可知,不管混合 Logit 模型的随机参数服从何种形式的分布或分布组合,混合 Logit 模型的对数似然函数收敛值均优于多项 Logit 模型,说明运用混合 Logit 模型分析乘客路径选择行为具有更高的可靠度;与多项 Logit 模型相比,混合 Logit 模型的变量系数分布由于不受限制,参数估计值具有较高的精度、更令人满意的稳定性,能较好地针对因个体偏好不同而导致的选择行为差异做出合理的解释,可以利用不同的函数分布形式表达个体乘客对某条路径的喜好或偏好,因而具有较好的应用前景;由实际调查结果和理论预测结果的对比分析来看,电子站牌显示的各线路到站信息变化会直接影响公交客流的时空分配,而线路到站信息的变化源于发车时刻表的变化,归根结底,源于发车间隔的设定。因此,可据此设定更科学合理的发车时刻表,使客流尽可能地较均匀分布在存在共线的各公交线路上,充分合理地利用公交运输能力,节约总体公交出行费用。

3.4 结论与建议

3.4.1 结论

基于混合 Logit 模型,建立了考虑实时信息的公交客流分配模型,它在诠释不同乘客路径喜好随机性变化的同时,还能完全摆脱 IIA 假设的束缚,能更合理、更有效地解释因个体偏好不同而导致的路径选择行为差异,这突破了现有研究在评估实时公交信息对乘客出行决策带来的影响方面存在的较大的局限性。

从整体上来看,不管混合 Logit 模型的随机参数服从何种形式的分布或分布组合,混合 Logit 模型的对数似然函数收敛值均优于多项 Logit 模型,说明运用混合 Logit 模型分析乘客路径选择行为具有更高的可靠度;此外,与多项 Logit 模型相比,混合 Logit 模型的变量系数分布由于不受限制,参数估计值具有较高的精度、更令人满意的稳定性,能较好地针对因个体偏好不同而导致的选择行为差异做出合理的解释,可以利用不同的函数分布形式表达个体乘客对某条路径的喜好或偏好,因而具有较好的应用前景。

从实际调查结果和理论预测结果的对比分析来看,电子站牌显示的各线路到站信息变化会直接影响公交客流的时空分配,而线路到站信息的变化源于发车时刻表的变化,归根结底,源于发车间隔的设定。因此,可据此设定更科学合理的发车时刻表,使客流尽可能较均匀地分布在存在共线的各公交线路上,充分合理地利用公交运输能力,节约总体公交出行费用。

3.4.2 建议

作为缓解城市交通拥堵的重要举措,大力发展公共交通已引起各大城市的广泛关注和重视。然而，公交电子站牌作为智能公共交通的重要组成部分，在我国各大城市的发展相对比较滞后，大多停留在显示可搭乘线路和预估的车辆到站时间，显示内容相对比较单一，乘客据此并不能准确地了解车辆的具体到站时间，车内的拥挤状况更无从得知，而只能被动地等车，这就使得等车乘客在这个过程中徒增了一定程度的焦躁情绪和不耐烦情绪，尤其是在早晚高峰上下班时间。考虑到有效的公交电子站牌信息发布能更好地利于预先选择线路、估计等车时间、减少感知等待时间以及更有效利用等车时间，因此，建议在电子站牌的设计上，尽量融合导乘功能、报站功能、辅助智能调度功能、信息发布功能（除了提供基本的公交信息之外，还可以提供公交线路改道、火车或者飞机航班时刻表、实时天气预报等）和语音助盲功能（考虑特殊人群的基本需要，添加语音助盲功能），从设计和实施上真正做到以人为本，尽可能满足广大人民群众的出行需求。

3.5 本章小结

本章以公交电子站牌这一实时信息为研究背景，结合乘客路径选择行为决策意向数据，建立基于混合 Logit 模型的路径选择模型，发现它在诠释异质乘客选择喜好随机性变化的同时，还能完全摆脱 IIA 假设的束缚，能更合理、更有效地解释因个体偏好不同而导致的路径选择行为差异，有效突破了现有研究对可能提供给乘客的信息并不敏感，也不能较好地评估乘客对可能所获信息做出反应的局限，且操作性强。研究结果显示，实时信息能够显著影响乘客的出行决策和路径选择行为，进而优化公交客流分配。建议加强实时信息系统的建设与维护、提升乘客对实时信息的认知与利用能力以及优化公交系统的运营策略等。同时，建议在电子站牌的设计上，尽量融合导乘功能、报站功能、辅助智能调度功能、信息发布功能和语音助盲功能等。

第 4 章
考虑换乘行为的城市公交客流分配研究

随着我国大城市"城内上班、城外居住"这种工作-生活模式的出现，居民出行距离延长，从而引起公交半径增加，换乘就不可避免。换乘是城市公共交通中常见的行为，不仅影响着乘客的出行效率，还直接关系到公交系统的运行效能。因此，深入研究和理解换乘行为对客流分配的影响机制，对于优化公交系统、提升乘客出行体验具有重要意义。本章将首先探讨换乘行为对乘客出行决策的直接影响和间接影响，进而分析考虑换乘行为的乘客路径选择问题。通过引入马尔可夫链理论，构建考虑换乘行为的公交客流分配模型，并探讨其在实际应用中的优化潜力。最后，通过案例研究验证模型的有效性，提出针对性的结论与建议，以期为城市公共交通的可持续发展提供有益参考。

4.1 换乘行为对客流分配的影响机制

换乘对乘客出行决策的影响机制是一个复杂而多元的问题。它不仅涉及出行时间、成本和体验等直接影响因素，还受到心理、社会和文化等间接因素的影响。为了提升乘客的出行满意度和忠诚度，公交运营者需要综合考虑这些因素，优化换乘流程、提供清晰信息、关注乘客体验等。同时，政策制定者也需要关注换乘问题，通过制定合理的政策和规划来促进公共交通网络的发展和完善。

4.1.1 换乘对乘客出行决策的直接影响

首先，换乘对乘客的出行时间产生显著影响。乘客在规划出行路线时，通常会优先考虑总出行时间最短的方案。这意味着，换乘次数少、换乘等待时间短的方案往往更受欢迎。此外，不同乘客对时间的敏感度不同，例如，通勤者可能更倾向于选择时间更稳定的路线，而休闲旅行者则可能更注重换乘过程中的舒适度。

其次，换乘成本也是影响乘客出行决策的重要因素。除了直接的交通费用外，换乘还可能增加乘客的时间成本，如等待下一趟车的时间、步行至换乘站的时间等。这些成本对于乘客的出行选择具有重要影响。通常，乘客会在成本效益分析的基础上，选择总成本最低的出行方案。

最后，换乘过程中的舒适度、便捷性和安全性等体验因素也对乘客的出行决策产生影响。乘客在选择换乘方案时，会考虑这些因素的综合影响。例如，一个换乘站点如果设施完善、标识清晰、安全有序，那么乘客在选择该站点进行换乘的可能性就会增加。

4.1.2 换乘对乘客出行决策的间接影响

除了直接影响外，换乘还对乘客的出行决策产生一系列间接影响。首先，换乘可能引发乘客的心理变化，如焦虑、不安等。当乘客面临多次换乘时，他们可能会感到困惑和不安，这可能会影响他们的出行决策。为了减轻这种心理负担，公交运营者可以通过提供清晰的信息、优化换乘流程等方式来提升乘客的出行体验。

其次，社会和文化因素也会对乘客的出行决策产生影响。在不同的社会和文化背景下，乘客对换乘的接受程度和期望可能有所不同。例如，在某些文化背景下，人们可能更倾向于选择步行距离较短的换乘方案，而在另一些文化中，人们可能更注重换乘过程中的社交体验。因此，公交运营者需要充分考虑这些社会和文化因素，以满足不同乘客群体的需求。

4.2 考虑换乘行为的乘客路径选择

在本章具体的理论分析之前，首先介绍一下基于成都市公交卡的消费数据库分析所得的换乘客流情况。以千分之一的比例随机抽取在某一年有出行记录的成都市公交卡，跟踪这些公交卡的出行记录，按照 5 min 的刷卡间隔统计汇总进行分析，以笋状图来直观呈现这些持卡人的换乘转移情况，详见图 4-1，其中，流量转移矩阵元素（x，y）表示从线路 x 换乘到线路 y 的人数，在图中用 z 坐标表示，也就是竹笋高度，最高的石笋尖代表最多的换乘人数。由于某些线路号中有文本串，如 48A 等，不便置于坐标轴上，为便于绘图，对各公交线路进行重新编号，详见附录 B。

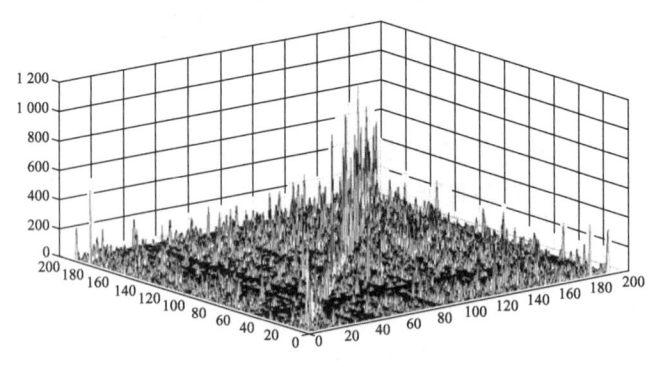

图 4-1　所有线路换乘流量笋状图

由图 4-1 可知，与其他区域相比，对角线流量更大，除此之外，基本看不到各线路之间的换乘规律。为放大分析细节，选取 1 路、3 路、45 路、56 路、75 路、81 路、93 路、99 路这 8 条线路进行分析，见图 4-2 和图 4-3，二者绘图的数据源一样，只是具有不同的表现形式，此处的 X 轴和 Y 轴均为真正的线路编号，由图 4-2 可知，对角线较其周围高度而言，明显凸出很多，由如图 4-3 所示的灰度图也可清晰地看出对角线部分相对明亮，该现象很可能是持卡乘客在两小时内搭乘同一线路往返造成的（成都市公交集团施行持公交卡乘坐公交，可享受两小时内免费换乘 3 次）。当然，不同线路之间的换乘流量虽然没有两小时内搭乘同一线路的这种换乘明显，但它们之间的换乘转移流量也不能忽视。

第 4 章 考虑换乘行为的城市公交客流分配研究

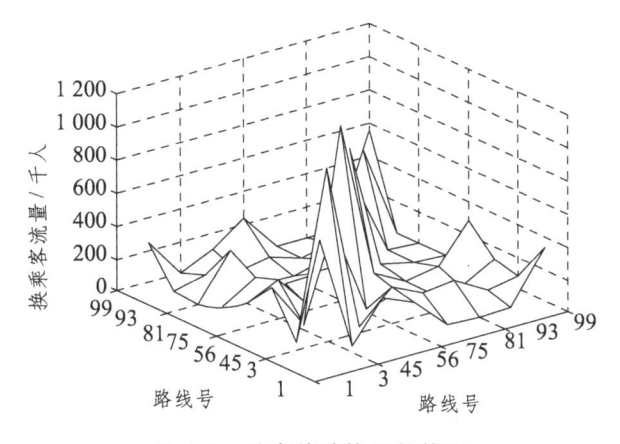

图 4-2 选定线路换乘笋状图

图 4-3 选定线路换乘灰度图

从消费数据库的数据分析结果来看，不管是同一线路往返还是不同线路之间的换乘转移流量都较显著，那么，换乘对乘客路径选择的影响在公交客流的理论研究领域也应引起重视，但是关于这方面的大部分研究只是单纯地指出换乘对公交客流分配影响很大，更多的是以换乘次数最少为目标进行建模优化，并未从本质上研究因换乘引起的乘客路径选择多样化和复杂化，这在评估换乘对客流分配产生的影响方面存在较大的局限性。再加上目前大城市"城外居住，城内上班"的现实需求导致出行距离不断增长而引起的公交半径增加，有相当部分居民的出行难以满足直达，往往需要中途换乘才可到达目的地，这就使得理论研究与生活实践有一定的脱离。

因此，继第 3 章探讨了电子站牌这一实时信息的外部影响之后，本章沿用第 2 章提出的广义公交路径定义，将起点站、换乘站和终点站作为决策节点，探讨考虑换乘行为的城市公交客流分配问题。重点分析了乘客路径选择过程符合马氏决策过程的"无后效性"，详细阐述了路径选择过程中涉及的状态-行动空间及状态转移概率，确定了路段客流量的计算方法和广义公交路径下的转移概率，并针对多源单汇的公交路网客流分配问题给出了求解方法。而对于一般的多源多汇公交路网，可将其分解为若干个多源单汇或单源多汇的子公交路网。最后，以成都市部分公交网络和基础数据进行了实例验证，根据分配结果对参数进行了敏感性分析，据此提出了相关建议和意见。

4.2.1 马尔可夫链的适用性

4.2.1.1 马尔可夫过程

马尔可夫过程是一类重要的随机过程，由俄罗斯学者马尔可夫于 20 世纪初提出，故名马尔可夫过程，亦称"无后效过程"，它指的是系统以某一特定概率从一种状态转变为另一种状态，并且转变后的状态只与前面一个状态有关，而与更早状态无关的一种随机过程[164]。换句话说，马尔可夫过程是研究已知"现在"和"将来"而不依赖于"过去"的这样一类随机过程[165]。下面用数学语言描述和抽象这一定义。

假设 $\{X(t), t \in T\}$ 为一随机过程，E 为状态空间，对 $\forall n \geq 1$，$\forall t_1 < t_2 < \cdots < t_n < t \in T$，$\forall x_1, x_2, \cdots, x_n, x \in E$，随机变量 $X(t)$ 在已知条件 $X(t_1) = x_1, X(t_2) = x_2, \cdots, X(t_n) = x_n$ 下的条件分布函数若只与 $X(t_n) = x_n$ 有关，而与 $X(t_{n-1}) = x_{n-1}, \cdots, X(t_2) = x_2, X(t_1) = x_1$ 无关，也就是说，条件分布函数若满足如式（4-1）所示的等式[166]。

$$F(x, t | x_n, x_{n-1}, \cdots, x_2, x_1, t_n, t_{n-1}, \cdots, t_2, t_1) = F(x, t | x_n, t_n) \quad (4-1)$$

或满足如式（4-2）所示的条件概率分布等式

$$P\{X_t = x | X(t_n) = x_n, \cdots, X(t_1) = x_1\} = P\{X_t = x | X(t_n) = x_n\} \quad (4-2)$$

或满足如式（4-3）所示的条件概率密度等式

$$f(x,t|x_1,x_2,\cdots,x_{n-1},x_n,t_1,t_2,\cdots,t_{n-1},t_n) = f(x,t|x_n,t_n) \quad (4-3)$$

则称此过程 $\{X(t),t \in T\}$ 为马尔可夫过程，简称马氏过程[166]。

根据时间和状态是否连续，可将马尔可夫过程分为时间和状态都连续的、时间连续但状态离散的和时间和状态都离散的马尔可夫过程，后者也常常被称为"马尔可夫链"。马尔可夫过程在理论物理、自动控制、计算数学、公用事业以及地震预报等许多方面被广泛采用[164]。

4.2.1.2 考虑换乘的路径选择分析

公交出行不同于自驾车等个体交通出行，其自由度相对较小。通常情况下，尤其对常乘客而言，他们在每次出行之前都会有一定的计划和预期，如根据各自的出行目的、出行距离长短等预留出行时间，根据个人偏好选择相应的起点站、换乘站及终点站等。

结合广义公交路径定义可知，不管换乘与否，公交出行实际上是一组使乘客从各个起点站经由换乘站到达终点站的规则集合（不存在换乘的情况，即为直达线路，该情况对应的换乘站点数目为零），因此，公交路网中客流量的分配过程，可看成是乘客从起点站出发，在各换乘站按照一定的转移概率选择可行线路，最终到达终点站的过程，该过程从广义上来说满足马氏过程的无后效性。下面以一次完整的乘客从家到上班地点的公交出行为例，对此过程进行数学描述和证明。

以乘客的地理位置转移为切入点，如从家转移到起点站，从起点站转移到换乘站，从换乘站转移到终点站等，在这一系列的转移过程中，乘客总是位于如图 4-4 所示的这 7 个相互排斥但总体完备的状态集合中的元素之一，且在每个状态下都将面临一个或一组可能的行动，见表 4-1，当处于"在家"状态时，面临出发时间和起点站的选择，决策的执行使得乘客从状态"在家"通过步行或其他方式转移到状态"向起点站行进"或"起点站等候"，该状态转移对应图 4-4 中虚线框圈出的部分，表 4-1 列出了与图 4-4 中 7 个状态对应的可能的行动空间。

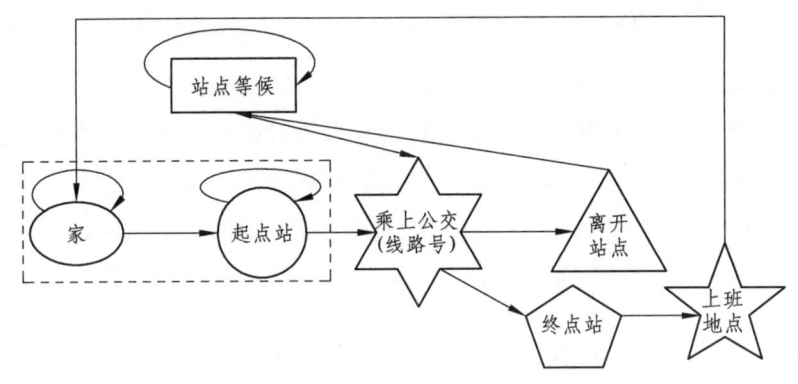

图 4-4 乘客路径选择状态转移

表 4-1 状态及对应的行动

状态 Z	可能的行动 $A(Z)$
在家	出发时间和起点站的组合选择
向起点站行进	如果未到达起点站，则继续向起点站行进
起始站点等候	当等待的公交车到达时，要么搭乘，要么继续等待下一趟
位于公交车内	到达终点站或换乘站时则下车，否则继续待在车内前行
位于换乘站点	当可行换乘线路到达站点时，要么搭乘，要么继续等待下一趟
到达终点站	向上班地点行进
到达目的地	无行动

需要特别说明的是，当乘客到达某一预期换乘站点时，无论在此之前的选择如何，都不会对乘客在该换乘站点选择哪条公交线路向目的地前进产生影响，这并不意味着之前的选择不重要，而是当前选择较之前的选择对未来结果的影响更大，且在到达换乘站点之前的决策对当前结果的影响可通过乘客到达该换乘站点的时间成本和到达该换乘站点已支付的经济成本来体现[2]。

在乘客路径选择过程中，效用值不能被直接观测出来，甚至也难以预先估计，乘客也并不总是选择能产生最高效用值的路径，因此，乘客的路径选择问题是随机的，随机性表示某一路径的效用虽然有期望值，但不确定，乘客是否选择该路径是一个"可能问题"，即该路径有多大的概率被选中，由此可将乘客的路径选择过程视为随机过程，记为 $\{X(t), t \in T\}$，令 $x_0=$ 在家，$x_1=$ 向起点站行进，$x_2=$ 起点站等候，$x_3=$ 位于公交车内，$x_4=$ 位于换乘站点，$x_5=$ 到达终点站，$x_6=$ 到达目的地，其状态空间为 E，对 $\forall n \geqslant 1$，$\forall t_1 < t_2 < \cdots < t_n < t \in T$，$\forall x_1, x_2, \cdots, x_n, x \in E$，且 $X(t)$ 在已知条件 $X(t_1) = x_1$，$X(t_2) = x_2, \cdots, X(t_n) = x_n$ 下的条件分布函数只与 $X(t_n) = x_n$ 有关，而与 $X(t_{n-1}) = x_{n-1}, \cdots, X(t_2) = x_2, X(t_1) = x_1$ 无关，即条件分布函数满足式（4-4）。

$$P\{X_t = x | X(t_n) = x_n, \cdots, X(t_1) = x_1\} = P\{X_t = x | X(t_n) = x_n\} \quad (4-4)$$

结合广义公交路径定义，立足换乘站点，若给定乘客过去的状态 $x_0, x_1, \cdots, x_{n-1}$ 和现在的状态 $x_n =$ 换乘站点（若为直达线路，此换乘站点实为终点站），那么，将来状态 x_{n+1} 的条件分布独立于过去的状态，且只依赖于现在的状态，也就是说目前所处的换乘站点或终点站，因此，换言之，考虑换乘行为的乘客路径选择过程满足马氏过程的无后效性，即 $\{X(t), t \in T\}$ 为马尔可夫链，该过程涉及的状态、行动、惩罚和转移概率，详见图 4-5。

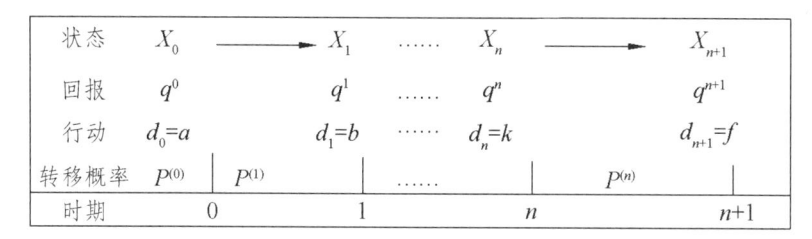

图 4-5 路径选择过程涉及的 MDP 状态、行动、回报和转移概率

4.2.2 考虑换乘行为的乘客路径选择

4.2.2.1 确定路段客流量

考虑公交网络 $G = (S, A)$，S 为站点集合 $(s_i \in S)$，A 为路段集合 $(a_i \in A)$，需要说明的是，此处的站点仅考虑出行起点站、中间换乘站和目的地终点站，中间的非换乘站点不予考虑，A 为路段集合。假设起始站数目为 p 个，终点站数目为 q 个，中间换乘站数目则为 $n-p-q$ 个，那么，乘客在公交网络中各个站点之间的一步转移概率矩阵，见式（4-5）。

第二篇 理论与创新

$$\boldsymbol{P} = \begin{array}{c} \\ p \\ n-p-q \\ q \end{array} \begin{array}{c} p \quad n-p-q \quad q \\ \begin{bmatrix} 0 & \boldsymbol{U}_1 & \boldsymbol{V}_1 \\ 0 & \boldsymbol{U}_2 & \boldsymbol{V}_2 \\ 0 & 0 & \boldsymbol{I} \end{bmatrix} \end{array} \quad (4\text{-}5)$$

在定义了一步转移概率矩阵 $\boldsymbol{P}$ 之后,令 P_{ij}^m 为 m 步转移概率,即状态 i 经 m 次转移后处于状态 j 的概率,见式(4-6),由科尔莫戈罗夫-查普曼方程(KC 方程)可得式(4-7)。

$$P_{ij}^m = P\{X_{m+k} = j | X_k = i\}, n \geqslant 0, i, j \geqslant 0 \quad (4\text{-}6)$$

$$\begin{aligned} P_{ij}^{n+m} &= P\{X_{n+m} = j | X_0 = i\} = \sum_{k=0}^{\infty} P\{X_{n+m} = j, X_n = k | X_0 = i\} \\ &= \sum_{k=0}^{\infty} P\{X_{n+m} = j | X_n = k, X_0 = i\} P\{X_n = k | X_0 = i\} \quad (4\text{-}7) \\ &= \sum_{k=0}^{\infty} P_{ik}^n P_{kj}^m \end{aligned}$$

其中,P_{ij}^{n+m} 表示初始状态 i 经 n 次转移处于状态 k,再经 m 次转移处于状态 j 的概率,对所有中间状态 k 求和,即可得到这个过程在 $n+m$ 次转移后处于状态 j 的概率。

以 $\boldsymbol{P}^{(m)}$ 记 m 步转移概率 P_{ij}^m 的矩阵,由式(4-7)可得 $\boldsymbol{P}^{(n+m)} = \boldsymbol{P}^{(n)} \cdot \boldsymbol{P}^{(m)}$,特别地,$\boldsymbol{P}^{(2)} = \boldsymbol{P}^{(1+1)} = \boldsymbol{P} \cdot \boldsymbol{P} = \boldsymbol{P}^2$,由归纳法可知 $\boldsymbol{P}^{(m)} = \boldsymbol{P}^{(m-1+1)} = \boldsymbol{P}^{(m-1)} \cdot \boldsymbol{P} = \boldsymbol{P}^m$,故可得矩阵 $\boldsymbol{P}$ 的 m 次幂矩阵,详见式(4-8)。

$$\boldsymbol{P}^m = \begin{array}{c} \\ p \\ n-p-q \\ q \end{array} \begin{array}{c} p \quad n-p-q \quad q \\ \begin{bmatrix} 0 & \boldsymbol{U}_1 \cdot \boldsymbol{U}_2^{m-1} & \overline{\boldsymbol{V}_1}^m \\ 0 & \boldsymbol{U}_2^m & \overline{\boldsymbol{V}_2}^m \\ 0 & 0 & \boldsymbol{I} \end{bmatrix} \end{array} \quad (4\text{-}8)$$

式(4-8)中,$\overline{\boldsymbol{V}_1}^m$ 和 $\overline{\boldsymbol{V}_2}^m$ 是 $\boldsymbol{P}^m$ 的分块矩阵,二者中的元素分别表示从各起点站和各换乘站到达终点站的概率,且满足 $\overline{\boldsymbol{V}_1}^m = \boldsymbol{V}_1 + \boldsymbol{U}_1(\boldsymbol{I} + \boldsymbol{U}_2 + \cdots + \boldsymbol{U}_2^{m-2})\boldsymbol{V}_2$,$\overline{\boldsymbol{V}_2}^m = (\boldsymbol{I} + \boldsymbol{U}_2 + \cdots + \boldsymbol{U}_2^{m-1})\boldsymbol{V}_2$,$\boldsymbol{U}_1 \cdot \boldsymbol{U}_2^{m-1}$ 中的元素 (s_i, s_j) 表示从站点 s_i 出发的乘客经过 m 次转移(即 m 次换乘)到达换乘站点 s_j 的概率。由

第 4 章 考虑换乘行为的城市公交客流分配研究

于初始阶段乘客处于各自的起点站，$m=0$，$\boldsymbol{P}^0 = \boldsymbol{I}$。若路段数目为 M，所有乘客的换乘次数最多为 $M-1$ 次，则有 $\boldsymbol{U}_2^{M+1} = \boldsymbol{0}$，那么，由各起点站 s_o 出发的乘客到达各中间换乘站的概率可通过式（4-9）进行计算[167]。

$$\boldsymbol{G} = \boldsymbol{U}_1 \cdot (\boldsymbol{I} + \boldsymbol{U}_2 + \boldsymbol{U}_2^2 + ... + \boldsymbol{U}_2^{M-1}) \tag{4-9}$$

矩阵 $\boldsymbol{G}$ 中的元素 (s_i, s_j) 表示从站点 s_i 出发的乘客通过换乘站点 s_j 的概率，将换乘站的选择概率和与之相关联的路段选择概率相乘便可得到乘客选择该路段的概率。那么，选择路段 $s_i s_j$ 的客流量 $x_{s_i s_j}$ 可通过式（4-10）进行计算。

$$x_{s_i s_j} = \sum_{O} P_{s_o}(s_i) \cdot P(s_j | s_i) \cdot q_o \tag{4-10}$$

其中，$P_{s_o}(s_i)$ 表示从站点 s_o 出发的客流量通过站点 s_i 的概率；$P(s_j | s_i)$ 表示乘客从站点 s_i 转移到站点 s_j 的概率；q_o 表示从站点 s_o 出发的客流量。

4.2.2.2 广义公交路径下的转移概率

现实生活中，尤其是大城市，"城外居住，城内上班"这种工作-生活模式十分常见，由此引起的居民出行距离延长、公交半径增加，公交出行换乘就在所难免。因此，本章重点分析多源单汇（城外居住，城内上班）公交网络的客流分配问题。

根据第 2 章提出的广义公交路径定义，借鉴文献[167]可得公交路网中通过站点 s_i 的乘客途经路段 $s_i s_j$ 到达站点 s_j 的一步转移概率函数，详见式（4-11）。

$$\begin{aligned} P(s_j | s_i) &= \exp[-\theta(t_{s_i s_j} + H_{s_j s_d} - H_{s_i s_d})] \\ &= \exp(-\theta \cdot t_{s_i s_j}) \frac{L_{s_j s_d}}{L_{s_i s_d}} \end{aligned} \tag{4-11}$$

式（4-11）中：

$$\begin{aligned} H_{s_i s_d} &= -\frac{1}{\theta} \ln \sum_{r=1}^{\infty} \exp[-\theta T_{s_i s_d}^r] = -\frac{1}{\theta} \cdot \ln L_{s_i s_d}, \\ H_{s_j s_d} &= -\frac{1}{\theta} \ln \sum_{r=1}^{\infty} \exp[-\theta T_{s_j s_d}^r] = -\frac{1}{\theta} \cdot \ln L_{s_j s_d} \end{aligned} \tag{4-12}$$

$$L_{s_i s_d} = \sum_{r=1}^{\infty} \exp(-\theta \cdot T_{s_i s_d}^r),$$
$$L_{s_j s_d} = \sum_{r=1}^{\infty} \exp(-\theta \cdot T_{s_j s_d}^r) \tag{4-13}$$

其中，$R_{s_i s_d}$ 表示从站点 s_i 到终点站 s_d 的广义公交路径集合；$R_{s_j s_d}$ 表示从站点 s_j 到终点站 s_d 的广义公交路径集合；$T_{s_i s_d}^r$ 表示经由路径 r 从站点 s_i 到终点站 s_d 的路径阻抗；$t_{s_i s_j}$ 表示路段 $s_i s_j$ 的阻抗，这里指的是路段 $s_i s_j$ 的车辆行驶时间。

由 $\sum P(s_j|s_i) = \left[\left(\sum \exp(-\theta \cdot t_{s_i s_j}) \cdot L_{s_j s_d}\right) \middle/ L_{s_i s_d}\right] = L_{s_i s_d}/L_{s_i s_d} = 1$，故式（4-11）表示的转移概率满足非负和归一化条件。

针对 OD 对 $s_o s_d$ 间乘客的某次出行，在已知出行路径 r 包含的所有路段选择概率的条件下，路径 r 的选择概率为 $P_{s_o s_d}^r$，详见式（4-14）。

$$\begin{aligned} P_{s_o s_d}^r &= \prod_{(s_i,s_j)\in S} P(s_j|s_i) = \prod_{(s_i,s_j)\in S} \{\exp[-\theta(t_{s_i s_j} + H_{s_j s_d} - H_{s_i s_d})]\} \\ &= \exp\left(-\theta \cdot \sum_{(s_i,s_j)\in S} t_{s_i s_j}\right) \cdot \exp\left[-\theta \cdot \sum_{(s_i,s_j)\in S}(H_{s_j s_d} - H_{s_i s_d})\right] \\ &= \exp(-\theta \cdot T_{s_o s_d}^r) \cdot \exp[-\theta \cdot (H_{s_j s_d} - H_{s_i s_d})] \\ &= \frac{\exp(-\theta \cdot T_{s_o s_d}^r)}{\sum_{r \in R_{s_o s_d}} \exp(-\theta \cdot T_{s_o s_d}^r)} \end{aligned} \tag{4-14}$$

由式（4-14）可知，由本章定义的广义路径下的转移概率得到的路径选择概率与基于多项 Logit 模型的路径选择概率是一致的，这在一定程度上能有效说明马尔可夫链用于考虑换乘行为的公交乘客路径选择的适用性。

值得注意的是，式（4-11）为前向条件转移概率，对起始站没有任何约束，仅指定了一个唯一的终点站 s_d，故该转移概率仅适用于多源单汇公交路网，而对于单源多汇公交路网，有如式（4-15）所示的后向条件转移概率表达式。

这样一来，对于一般的多源多汇公交路网，可将其分解为若干个多源单汇或单源多汇的子路网，那么，式（4-11）和式（4-15）所定义的转移概率同样也能适用。

$$P(s_i|s_j) = \exp[-\theta(t_{s_is_i} + H_{s_os_i} - H_{s_os_j})] = \exp(-\theta \cdot t_{s_is_j}) \frac{L_{s_os_i}}{L_{s_os_j}} \quad (4\text{-}15)$$

4.2.3 问题求解

针对有 n 个站点的公交路网，定义一个 $n \times n$ 的矩阵 A，如果站点 s_i 和站点 s_j 之间有公交线路通过，则令 $A_{s_is_j} = \exp(-\theta \cdot t_{s_is_j})$，否则 $A_{s_is_j} = 0$，此时，有式（4-16）成立。

$$\begin{aligned} A^2_{s_is_j} &= \sum_{s_k=1}^{s_n} A_{s_is_k} A_{s_ks_j} = \sum_{s_k=1}^{s_n} \exp[-\theta(t_{s_is_k} + t_{s_js_k})] \\ &= \sum_{r \in R^2_{s_is_j}} \exp(-\theta T^{r,2}_{s_is_j}) \end{aligned} \quad (4\text{-}16)$$

其中，$R^n_{s_is_j}$ 为由站点 s_i 通过 n 条路段到达站点 s_j 的所有路径集合，$T^{r,n}_{s_is_j}$ 为 $R^n_{s_is_j}$ 集合中路径 r 的阻抗，同理可得式（4-17）。

$$A^m_{s_is_j} = \sum_{r \in R^n_{s_is_j}} \exp(-\theta \cdot T^{r,n}_{s_is_j}) \quad (4\text{-}17)$$

显然，如果任意两个公交站点之间的路段数目最多为 M，则有 $A^{M+1} = 0$。因此，式（4-13）的计算则等价于求解矩阵系列的和，详见式（4-18）。

$$L = A^0 + A^1 + A^2 + \cdots + A^M \quad (4\text{-}18)$$

此外，对于矩阵 A，有式（4-19）成立。

$$E + A + A^2 + A^3 + \cdots + A^M = [E - A]^{-1} \quad (4\text{-}19)$$

值得注意地是，当公交路网存在回路时，至少有两个站点之间的可行路径数目为无穷大，这样一来，式（4-9）或式（4-18）中最长路径的路段数目 M 为无穷大，有 $\lim_{M \to \infty} U^M_2 = 0$，$\lim_{M \to \infty} A^M = 0$ 成立，式（4-9）中的 G、式（4-8）中的 $\overline{V}^m_1$、式（4-18）中的 L 的表达式，分别见式（4-20）、式（4-21）和式（4-22）。

$$G = U_1 \cdot [E - U_2]^{-1} \qquad (4\text{-}20)$$

$$\overline{V}_1^m = V_1 + U_1 \cdot [E - U_2]^{-1} V_2 \qquad (4\text{-}21)$$

$$L = [E - A]^{-1} \qquad (4\text{-}22)$$

针对目前大城市"城外居住、城内上班"普遍存在的生活-工作模式，居民高峰期的公交出行更多地呈现为多源单汇网络，因此，下面着重分析多源单汇公交路网的求解，也就是对起始站点没有约束而终点站相同的公交网络。

对于多源单汇公交网络，A 矩阵具有如式（4-23）所示的特殊形式。

$$A = \begin{array}{c} p \\ n-p-1 \\ 1 \end{array} \begin{bmatrix} \overset{p}{0} & \overset{n-p-1}{A_1} & \overset{1}{A_{d1}} \\ 0 & A_2 & A_{d2} \\ 0 & 0 & 0 \end{bmatrix} \qquad (4\text{-}23)$$

那么，$[E-A]^{-1}$ 可通过式（4-24）进行计算。

$$[E-A]^{-1} = \begin{array}{c} p \\ n-p-1 \\ 1 \end{array} \begin{bmatrix} \overset{p}{E} & \overset{n-p-1}{L_1} & \overset{1}{L_{d1}} \\ 0 & L_2 & L_{d2} \\ 0 & 0 & 1 \end{bmatrix} \qquad (4\text{-}24)$$

其中，$L_1 = A_1[E-A_2]^{-1}$，$L_2 = [E-A_2]^{-1}$，$L_{d1} = A_{d1} + A_1[E-A_2]^{-1}A_{d2}$，$L_{d2} = [E-A_2]^{-1}A_{d2}$。根据转移概率定义，有 $U_1 = \overline{L}_{d1}^{-1} \cdot A_1 \cdot \overline{V}_{d2}$，$U_2 = \overline{L}_{d2}^{-1} \cdot A_2 \cdot \overline{L}_{d2}$，其中，$\overline{L}_{d1}$ 是以 L_{d1} 为对角元素的 $p \times p$ 对角矩阵，$\overline{L}_{d2}$ 是以 L_{d2} 为对角元素的 $(n-p-1) \times (n-p-1)$ 对角矩阵，故有式（4-25）成立。

$$U_1[E-U_2]^{-1} = \overline{L}_{d1}^{-1} \cdot L_1 \cdot \overline{L}_{d2} \qquad (4\text{-}25)$$

综上分析可知，多源单汇公交路网的转移概率只需计算 $(n-p-1) \times (n-p-1)$ 的逆矩阵 $[E-A_2]^{-1}$。与直接计算 $[E-A]^{-1}$ 和 $[E-U_2]^{-1}$ 相比，计算量将大大减少，具体求解步骤如下：

① 如果站点 s_i 和站点 s_j 之间有线路通过，则 $A_{s_i s_j} = \exp(-\theta \cdot t_{s_i s_j})$，否则 $A_{s_i s_j} = 0$，据此构造 A 矩阵，然后由式（4-18）和式（4-22）计算 L 矩阵；

② 由式（4-11）计算一步转移概率矩阵 P；
③ 再由式（4-9）或式（4-20）得到 G 矩阵；
④ 若已知或通过需求分析预测得到 OD 出行量，由式（4-10）求得各公交路段 $s_i s_j$ 的客流量 $x_{s_i s_j}$。

4.3 案例研究：换乘行为优化在城市公共交通中的实践应用

4.3.1 基本状况描述

以成都九里堤公交站到新南门汽车站（需要换乘）、西门车站到红星路口和红星路口到西门车站（不需要换乘）的出行为例，融合存在换乘和直达情况的公交出行，对上述理论分析进行合理性和有效性验证。可搭乘公交线路见图 4-6：7 路下行、28 路下行、37 路下行、56 路下行、62 路下行和 101 路下行，各可行公交路径具体描述如下：

图 4-6　公交网络实例

① 从九里堤公交站出发，乘坐 56 路下行，经 6 站到达西门车站换乘

62路下行，经7站到达锦兴路东站，向西南方向步行370 m到达新南门汽车站。

② 从九里堤公交站出发，乘坐101路下行，经11站到达红星路口站，向西南方步行320 m在桂王桥南站换乘28路下行，经2站抵达新南门汽车站。

③ 从西门车站出发，乘坐37路下行，经7站到达红星路口站。

④ 从红星路口站出发，乘坐7路下行，经7站到达西门车站。

4.3.2 计算结果与分析

将九里堤公交站、红星路口、西门车站及新南门汽车站分别编码为 s_0、s_1、s_2、s_d，将起点站和换乘站的等待时间纳入它隶属的路段车辆运行时间之上，如搭乘56路从九里堤公交站至西门车站的路段车辆运行时间包括在九里堤公交站等待56路的等待时间，便于分析和计算，结合表4-2的各公交线路发车时间间隔（取均值），将路段阻抗转换为近似当量阻抗，详见表4-3。

表4-2 各公交线路发车间隔

线路编号	时间段	发车间隔/min	线路编号	时间段	发车间隔/min
56	06:00—06:45	5	101	06:30—06:58	7
56	06:45—07:15	3	101	06:58—07:22	6
56	07:15—07:55	2	101	07:22—07:58	4
56	07:55—08:20	2.5	101	07:58—08:28	5
56	08:20—09:00	3	101	08:28—09:00	6
62	06:30—06:40	5	28	06:00—06:30	6
62	06:40—06:48	4	28	06:30—07:00	5
62	06:48—08:00	3	28	07:00—08:12	3
62	08:00—09:00	4	28	08:12—08:20	4
7	06:30—07:00	5	28	08:20—09:00	5
7	07:00—07:20	4	37	06:30—07:00	5
7	07:20—08:20	3	37	07:00—07:40	4
7	08:20—08:40	4	37	07:40—08:30	5
7	08:40—09:00	5	37	08:30—09:00	6

第4章 考虑换乘行为的城市公交客流分配研究

表 4-3 各公交路段当量阻抗

路段	阻抗	路段	阻抗
九里堤公交站—西门车站	1	九里堤公交站—红星路口	2
西门车站—红星路口	1	红星路口—西门车站	1
西门车站—新南门汽车站	2	红星路口—新南门汽车站	1

令 $W = \exp(-\theta)$，构造与图 4-6 对应的 A 矩阵，详见式（4-26）。

$$A = \begin{array}{c} \\ s_o \\ s_1 \\ s_2 \\ s_d \end{array} \begin{array}{cccc} s_o & s_1 & s_2 & s_d \end{array} \\ \begin{bmatrix} 0 & W & W^2 & 0 \\ 0 & 0 & W & W^2 \\ 0 & W & 0 & W \\ 0 & 0 & 0 & 0 \end{bmatrix} \tag{4-26}$$

则有式（4-27）至式（4-30）成立。

$$L_{d1} = A_{d1} + A_1[I - A_2]^{-1} A_{d2} = \frac{3W^3 + W^5}{1 - W^2} \tag{4-27}$$

$$L_{d2} = [I - A_2]^{-1} A_{d2} = \frac{1}{1 - W^2} \begin{bmatrix} 2W^2 \\ W + W^3 \end{bmatrix} \tag{4-28}$$

$$L_1 = A_1[I - A_2]^{-1} = \begin{bmatrix} \frac{W + W^3}{1 - W^2} & \frac{2W^2}{1 - W^2} \end{bmatrix} \tag{4-29}$$

$$L_2 = [I - A_2]^{-1} = \frac{1}{1 - W^2} \begin{bmatrix} 1 & W \\ W & 1 \end{bmatrix} \tag{4-30}$$

由式（4-25）可得红星路口和西门车站的选择概率：$P(s_1) = P(s_2) = \frac{2(1+W^2)}{(3+W^2)(1-W^2)}$，由式（4-22）和式（4-23）计算 L 矩阵，详见式（4-31）。

$$L = \begin{matrix} s_o \\ s_1 \\ s_2 \\ s_d \end{matrix} \begin{bmatrix} \begin{matrix} s_o & s_1 & s_2 & s_d \end{matrix} \\ 1 & \dfrac{W+W^3}{1-W^2} & \dfrac{2W^2}{1-W^2} & \dfrac{3W^2+W^5}{1-W^2} \\ 0 & \dfrac{1}{1-W^2} & \dfrac{W}{1-W^2} & \dfrac{2W^2}{1-W^2} \\ 0 & \dfrac{W}{1-W^2} & \dfrac{1}{1-W^2} & \dfrac{W+W^3}{1-W^2} \\ 0 & 0 & 0 & 1 \end{bmatrix} \quad (4\text{-}31)$$

各站点之间的一步转移概率均可通过式（4-11）进行计算。

$$P(s_1|s_o) = W\frac{l_{24}}{l_{14}} = \frac{2}{3+W^2}, P(s_2|s_o) = W^2\frac{l_{34}}{l_{14}} = \frac{1+W^2}{3+W^2},$$

$$P(s_2|s_1) = W\frac{l_{34}}{l_{24}} = \frac{1+W^2}{2}, P(s_d|s_1) = W^2\frac{l_{44}}{l_{24}} = \frac{1-W^2}{2}, \quad (4\text{-}32)$$

$$P(s_1|s_2) = W\frac{l_{24}}{l_{34}} = \frac{2W^2}{1+W^2}, P(s_d|s_2) = W\frac{l_{44}}{l_{34}} = \frac{1-W^2}{1+W^2}$$

由式（4-20）可求得红星路口 s_1 和西门车站 s_2 的通过概率为 $P(s_1) = P(s_2) = \dfrac{2(1+W^2)}{(3+W^2)(1-W^2)}$，$q_o$ 表示早高峰时段内从九里堤公交站出发的客流量，各路段流量通过式（4-10）进行计算，则有式（4-33）成立。

$$x_{s_o s_1} = \frac{2}{3+W^2} \cdot q_o, \quad x_{s_o s_2} = \frac{1+W^2}{3+W^2} \cdot q_o,$$

$$x_{s_2 s_1} = \frac{4W^2}{(3+W^2)(1-W^2)} \cdot q_o, \quad x_{s_2 s_d} = \frac{2}{3+W^2} \cdot q_o, \quad (4\text{-}33)$$

$$x_{s_1 s_2} = \frac{(1+W^2)^2}{(3+W^2)(1-W^2)} \cdot q_o, \quad x_{s_1 s_d} = \frac{1+W^2}{3+W^2} \cdot q_o$$

结合成都市公交卡的消费数据和车载 GPS 数据分析可得 q_o 约为 11 000 人次，取 q_o=11 000 人次，根据式（4-33）计算各路段客流值，详见表 4-4。

第4章 考虑换乘行为的城市公交客流分配研究

表 4-4 客流分配结果

公交路段	客流量/（人次/天）				
	实际值	$\theta=1$	$\theta=2$	$\theta=5$	$\theta=10$
九里堤公交站—红星路口	7200	7016.79	7288.83	7327.28	7333.33
九里堤公交站—西门车站	3900	3983.21	3711.17	3672.72	3666.67
西门车站—红星路口	4000	5230.09	3849.65	3690.97	3666.67
红星路口—西门车站	2200	2196.50	1971.98	1836.42	1763.92
红星路口—新南门汽车站	3800	3983.21	3711.17	3672.72	3666.67
西门车站—新南门汽车站	7100	7016.79	7288.83	7327.28	7333.33

对参数 θ 进行敏感性分析，考察不同 θ 取值情况下的客流分配结果（$\theta=1$，$\theta=2$，$\theta=5$，$\theta=10$），见图4-7。

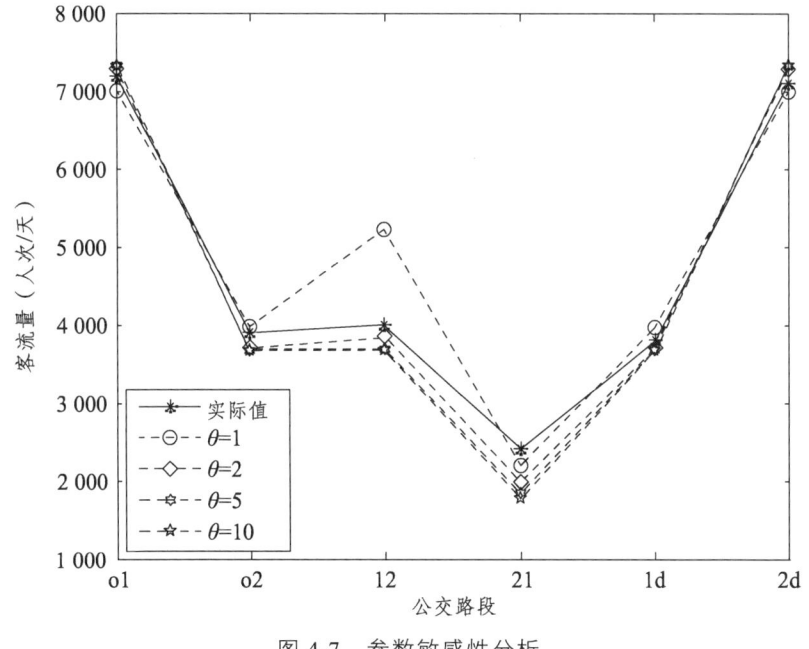

图 4-7 参数敏感性分析

由图 4-7 可知，即便是不同的 θ 取值，各路段客流分配的预测趋势均和实际情况较相符，θ 值越大，分配结果越接近实际。

4.4 结论与建议

4.4.1 结论

本章围绕换乘行为，将公交路网中客流量的分配过程看成是乘客从起点站出发，在各换乘站按照一定的转移概率选择可行线路，最终到达终点站的过程，基于马尔可夫链重点分析了该过程符合马氏决策过程的"无后效性"，详细阐述了路径选择过程中涉及的状态-行动空间及状态转移概率，建立了与之对应的公交客流分配模型，且证明了由转移概率得到的路径选择概率与广义路径下 Logit 配流模型的路径选择概率一致，这在验证了马尔可夫链用于公交客流分配的合理性和有效性的同时，也对因换乘引起的乘客路径选择多样化和复杂化客流分配问题本质做出了较好的解释。

现实生活中的公交网络都是多源多汇的，根据本章分析，可将其分解为若干个多源单汇或单源多汇的子公交路网进行分析和求解。不管乘客的出行是否需要换乘，上述理论分析和算法均可适用，只需把直达情况看成是零次换乘即可。

4.4.2 建议

存在换乘的公交出行，即便是出行时间总和与某条绕行程度较大的直达线路所需时间差异不大，人们往往更倾向于选择直达线路，最主要的原因在于人们更愿意在运动的车内前行，而不愿将时间"浪费"在换乘站点的候车等待上，因此，从充分考虑城市居民的出行利益出发，结合本章研究结论，给出以下两点建议：

通过对历史消费刷卡记录分析，找出换乘客流量很大的线路组合，新增部分直达线路，降低城市公交换乘系数。

在降低换乘系数的同时，直达线路过多会带来成本的巨额增加，则会面临换乘带来的费用增加、出行耗时增多等问题，可建议交管部门从换乘的距离、成本和便捷性等方面实施决策：如建立无缝换乘公交接驳站，满足市民换乘便捷的需要;在一些换乘客流量大的公交站点实行分站停靠;推行地铁和地面公交之间的换乘施行一次自动结算等。

4.5 本章小结

本章基于广义公交路径定义,将公交路网中客流量的分配过程看成是乘客从起点站出发在各个换乘站点按一定的转移概率选择路径最终到达终点站的过程,重点分析了乘客路径选择过程符合马氏决策过程的"无后效性",详细阐述了路径选择过程中涉及的状态-行动空间及状态转移概率,基于马尔可夫链,建立了考虑换乘行为的公交客流分配模型,证明了广义路径下由转移概率得到的路径选择概率与基于 Logit 模型路径选择概率的一致性,揭示了由换乘引起的乘客路径选择多样化和复杂化的客流分配问题的本质;对于多源单汇、单源多汇和多源多汇的公交路网,不管乘客出行是否需要换乘,该方法均可适用;该研究可作为进一步探讨动态公交客流分配问题的前期基础。同时,通过案例研究,验证了模型的有效性和实用性。为此,建议加强换乘设施的建设和优化、提升换乘信息服务的透明度和便捷性以及强化换乘行为与客流分配的协同管理等,进一步提升城市公交系统的服务水平和效率。

第 5 章
考虑乘客感知的城市公交客流分配研究

不管是公交智能化带来的乘客路径选择多样化,还是由换乘引发的路径选择复杂化,这些外部因素对乘客路径选择造成的影响终需通过个体认知来作用和实现。乘客感知不仅影响着乘客的出行选择,也是公交系统服务质量提升的关键。继第 3 章和第 4 章研究了实时信息和换乘行为影响下的乘客路径选择行为决策之后,本章将深入探讨乘客感知这一内部因素对公共交通服务质量的影响,侧重乘客基于有限理性决策的个体感知,研究考虑乘客感知的公交客流分配问题。通过引入前景理论,分析乘客在有限理性条件下的路径选择决策,进而构建基于前景理论的公交客流分配模型。此外,本章还将通过案例研究,探讨乘客感知在客流分配优化中的实践应用,以期为公交系统的优化升级提供理论支持和实践指导。

5.1 乘客感知对公共交通服务质量的影响

乘客感知是指乘客在享受公共交通服务过程中对各项服务要素的直接感受和认知。乘客感知包括安全性感知、舒适性感知和便捷性感知等多个维度,直接影响着乘客的出行选择和客流分配。一方面,这些感知维度与公交服务的各个方面紧密相关,如车辆设施、站点布局、运营时间等。为了提高乘客感知和公交吸引力,我们需要关注这些维度的变化趋势和影响因素,并采取相应的措施进行改进和优化。另一方面,乘客感知对于公共交通服务质量的评价至关重要,它影响公共交通服务质量的各个方面,包括服务效率、乘客满意度、乘客忠诚度等。乘客感知直接决定了乘客是否愿意继续使用该项服务，以及是否愿意向他人推荐。

假设您现在面临一次时间十分紧迫的出行，迟到就要受罚，有 A、B 两条公交线路可供选择，且这两条线路的经验出行时间相同，以下两种情景，您将选择哪条路径？

情景 1：受全面修建高架、地铁影响，A、B 两条线路上的出行时间与之前的经验出行时间相比都会增加，若选择 A 线路一定会晚到 10 min，若选择 B 线路有时候会晚到 20 min，很多时候会准时到。

情景 2：假设高架和地铁建设已完成，A、B 两条线路上的出行时间与之前的经验出行时间相比都会减少，若选择 A 线路一定会早到 25 min，若选择 B 线路有时候会早到 10 min，很多时候会晚到 10 min。

以上情景调查是第 2 章中提及问卷调查的一部分，针对成都市公交乘客进行的一次路径选择意愿调查，调查内容详见附录 1，整理、统计调查结果，见表 5-1。

表 5-1　实际调查结果

乘客类型	情景 1		情景 2	
	A 线路	B 线路	A 线路	B 线路
企事业上班族	65	121	133	53
公务员	5	6	7	4
离退休人员	5	9	8	6
学生	10	80	77	13
自由职业者	33	43	48	28
其他	7	15	17	5

由表 5-1 可知，尽管乘客类型各异，但在给定出行情景下的路径选择趋势基本一致：面临情景 1 时倾向于选择 B 线路，面临情景 2 时倾向于选择 A 线路。事实上，现实生活中的公交出行，乘客总会将以往的经验出行时间作为当次出行预留约束时间的决策依据，并以能否在预留约束时间内完成当次出行来评价是否达到预期目标。换句话说，本情景问卷调查隐含了"乘客将以往经验出行时间作为路径选择决策的参考点"这一基本前

提，且基于"乘客面临一次时间十分紧迫的出行，迟到就要受处罚"这一情景假定而得出这样的结论：情景 1 中，乘客认为自己遭受损失，主要的原因在于乘客认为出行时间较以往的经验出行时间有所增加，而倾向于选择风险较大的 B 线路——有时候会晚到 20 min，但是很多时候会准时到；情景 2 中乘客认为自己获得收益，是因为出行时间较以往而言有所减少，而倾向于选择风险较小的线路 A——一定会早到 25 min，该现象正是前景理论核心观点的真实写照，详见表 1-2。然而，基于该情景问卷调查得出的结论是否能推广到现实生活中的日常出行？也就是说，该问卷的前提假设是否能推广至日常公交出行？更确切一点，前景理论分析框架能否适用于公交出行分析？下面将给出合理的解释。

一方面，乘客在出行之前，都会预估当次出行所需时间，且总会将以往经验出行时间作为预估依据，这就反映了"乘客将以往的经验出行时间作为出行决策的参考点"这一基本事实；另一方面，由于目前城市生活节奏很快，人们并不愿意、也不舍得为了规避迟到风险而为平时的日常出行预留过多的时间，再加上一些不可预见却时有发生的事情以及日常琐事的耽搁，交通环境的不确定性普遍存在，人们最终面临的往往是一次紧凑的且存在迟到风险的出行，因此，将问卷设定情景得到的结果推广至现实生活中的日常出行是合情合理的。

5.2 考虑乘客感知的公交客流分配

5.2.1 前景理论适用性分析

对于大城市公交网络而言，任意 OD 对之间连通的路径通常有多条，但乘客并非考虑所有的路径。正如情景问卷所描述的那样，乘客会根据其个人偏好选择他们认为出行时间最优或换乘方式最优的路径，该抉择过程往往是基于乘客的个体感知而进行的有限理性决策。然而，现有关于公交客流分配问题的研究大多对乘客出行做完全理性假设，这无疑有悖于行为决策理论的最新发现和最新研究成果：Kahneman 等通过实验研究发现人们

第5章 考虑乘客感知的城市公交客流分配研究

总是基于有限理性决策且决策过程中存在参考点依赖[168];Gärling等指出不考虑行为科学的理论成果对出行者选择行为做完全理性假设是城市交通行为研究的一个重要缺陷[169]。同样地,对于公交出行决策,不管是公交智能化导致的出行路径选择多样化,还是由换乘行为带来的出行阻抗增加而引发的出行路径选择复杂化,这些外部因素对出行造成的影响终需通过乘客的个体认知来作用和体现,此处主要考察的是乘客基于有限理性决策,为此,本章首先分析了累积前景理论用于公交出行决策的适用性。然后在该分析框架下,考虑了公交出行的路段阻抗和站点阻抗,建立了价值函数,并根据决策权重函数来计算各路径前景值,基于此,提出了有限理性视角下的公交用户最优均衡概念,建立了与该问题等价的数学规划问题,并给出了求解算法。最后,选取成都市部分公交网络进行实例验证。

5.2.1.1 前景理论概述

累积前景理论[151]通过引入累积决策权重把前景理论扩展到任意可数种结果选项,因而被称为累计前景理论,它描述了人们在面临风险或不确定性时对效用的感知和对事件发生概率的感知,主要具备以下3个基本特征:

(1)区分获得和损失两种情况,基于决策者的有限理性分析对行为主体的风险态度进行描述,且都是相对于参考点而言的。

(2)当人们面临获得时往往倾向于风险规避,当人们面临损失时则倾向于风险追求,且存在明显的损失规避程度大于对相同收益的偏好程度。

(3)决策者常常会忽视现实生活中较常见的大概率事件,而过分重视比较极端的小概率事件。

由于前文对累积前景理论有较详细的介绍,故此处仅对其核心思想进行简单回顾。若不做特别说明,后文将累积前景理论和前景理论统称为"前景理论"。

5.2.1.2 前景理论用于乘客基于有限理性的路径选择决策

通常情况下,乘客被认为是目标导向的理性个体,在面临不同的交通环境时,有其各自不同的行为目标和行为准则。而事实上,在出行过程中,他们不仅须对当前所处环境做出判断，还须对未来的状态进行估计，比如如果需要换乘，则应事先考虑选择在哪个站点下车换乘更便捷或更省时，以求达到非合作情况下的个人目标最优，如最小化路径阻抗、最大化约束时间内到达的概率等，这势必会导致整个交通系统状态的不确定性，而前景理论正是适用于描述不确定性条件下的人们决策行为的理论分析框架[158]。

现实生活中，出行者对待风险的态度与前景理论中关于行为主体对待风险态度的结论是一致的，这在 Bogers 等[96]、Katsikopoulo 等[95]和张杨[92]等研究中已经得到证实；Avineri 等[98]将参照点假设应用到交通领域中，以更好地解释出行者的出发时刻决策受日常到达时刻信息的影响；Jou 等[102]和 Fujii 等[170]对随机网络中的出发时间选择进行了研究；Avineri 等[91]在事先给定参考点取值和参数取值的情况下，将累积前景理论的相关结论应用于出行路径选择建模，并指出参考点取值的大小会对交通流的分布形态产生重要影响。显然，累积前景理论在道路交通的路径选择和交通分配研究中已有所应用也正在进一步渗透，公交客流分配相关研究也不例外，如 Avineri 等[171]基于累积前景理论分析框架，研究了公交车的出行路线选择问题。

综上所述，将"前景理论"分析框架用于乘客基于有限理性感知的路径选择决策建模，具有一定的适用性。

5.2.2　基于前景理论考虑乘客感知的公交客流分配

在前景理论分析框架下，通常把个人决策过程分为两个阶段：一个是编辑阶段，另一个是评价阶段。在编辑阶段，"编辑"需要决策的问题，主要是对不同选项或方案的前景值进行简化和重新编码，选取一个合适的参考点为后续决策服务；而评价阶段的主要任务是决策者依据决策权重函数来估算各自的主观概率，然后依据价值函数对"收益"或"损失"进行评价，接着根据前景值进行判断，将前景值最大的选项作为最终的选择项。

运用于现实生活中的公交出行，乘客首先通过价值函数和决策权重函数对各可行路径进行编辑、评价，接着参考各路径的前景值做路径选择，并将出行完成后的实际阻抗与期望约束阻抗进行比较来权衡得失，以此作为判断下次出行是否需要改变出行决策的理论参考依据。

5.2.2.1 参考点

Avineri[91]明确指出了参照点是收益和损失的分界点，也是出行者对交通系统不确定性认知的某种衡量指标；Xu[172]假设以出行预算时间为参照点，基于累积前景理论分析框架，建立了一个静态用户均衡模型；Senbil 等[173]，Jou 等[102]在前景理论分析框架下，选取了两个参考点，一个是"可以接受的最早到达时刻"，另一个是"工作开始时刻"，并结合实际调查数据，研究了出发时间的选择问题。

综上所述，参考点的选取是前景理论的核心，也是很关键的一步。只有在选定参考点之后，乘客才能根据参考点的取值对各备选路径进行编辑和评价，进而权衡"收益"或"损失"。通过对乘客意愿调查的结果分析可知：乘客总会将以往的经验出行时间作为当次出行预留约束时间的依据，并以能否在预留的约束时间内完成当次出行来评价是否达到预期目标，当实际出行时间大于期望约束时间时，乘客认为遭受"损失"，当实际出行时间小于期望约束时间时，乘客认为获得"收益"，因此，可选取期望约束时间作为出行的参考点，记为 T_e。需要说明的是，这里的出行时间实际上就是第 2 章提到的出行阻抗，那么，期望约束时间也就是期望约束阻抗。

记乘客选择路径 r 的实际阻抗 T_{wr} 与参考点 T_e 的差值为 T_Δ，当 $T_e \geqslant T_{wr}$ 时，$T_\Delta = T_e - T_{wr}$，当 $T_e < T_{wr}$ 时，$T_\Delta = T_{wr} - T_e$。沿用第 2 章的路径阻抗计算方法，给出 T_{wr} 的计算公式，详见式（5-5）至式（5-7）。

5.2.2.2 价值函数和决策权重函数

引用 Tversky 和 Kahneman[151]提出的价值函数形式，得到乘客路径选择的价值函数，详见式（5-1）。

$$V_{\text{CPT}}(T_\Delta) = \begin{cases} T_\Delta{}^\alpha & ,T_\Delta \leqslant 0 \\ -\lambda(-T_\Delta)^\beta & ,T_\Delta < 0 \end{cases} \quad (5\text{-}1)$$

式（5-1）中，获得情况下的风险规避程度和损失情况下的风险偏好程度分别用参数 α 和 β 来表示，λ 为损失规避系数[151]，这里的"价值函数"相当于期望效用理论中的"效用函数"。

考虑到文献[151]定义的决策权重会因参数的取值不同而不能确保其关于事件概率单调递增，故本书引用文献[174]提出的决策权重函数形式，见式（5-2），无论参数 γ 取何值，均能确保该决策权重关于事件概率单调递增[175]。

$$w(p) = w^+(p) = w^-(p) = \exp\left(-(-\ln p)^\gamma\right) \quad (5\text{-}2)$$

5.2.2.3　有限理性视角下的公交用户最优均衡

经典的公交用户均衡定义，通常是指连通各 OD 对间的所有被选乘路径具有相同的阻抗，且小于或等于其他任何未被选乘路径阻抗。据此定义有限理性视角下的公交用户最优均衡：若公交网络任一 OD 对间被选乘路径的前景值都相等，且都大于其他未被选乘路径的前景值，任意出行者不可能通过单方面努力而改变其出行路径而使其前景值增大，此时，公交网络达到有限理性视角下的公交用户最优均衡。用数学语言描述和抽象此均衡状态，详见式（5-3）。

$$\begin{cases} f_{wr} \geqslant 0, & U_{\mathrm{CPT}}(T_\Delta) = \Omega(T_\Delta) \\ f_{wr} = 0, & U_{\mathrm{CPT}}(T_\Delta) < \Omega(T_\Delta) \end{cases} \forall w \in W, r \in R_w, \Omega = \max_{r \in R}\{U_{\mathrm{CPT}}(T_\Delta)\} \quad (5\text{-}3)$$

其中，f_{wr} 为 OD 对 w 间路径 r 上的客流量，$U_{\mathrm{CPT}}(\cdot)$ 为路径前景值函数，式（5-3）所表达的公交用户最优均衡，等价转化为式（5-4）至式（5-16）的数学规划问题。

式（5-4）为目标函数，它是所有路径阻抗函数积分的和，其本身并没有特别直观的经济含义，只是有助于该问题的求解与均衡条件之间的等价关系转换。

$$\min z = \sum_{w \in W} \sum_{r \in R_w} \int_0^{f_{wr}} T_{wr}(f)\mathrm{d}f \quad (5\text{-}4)$$

式（5-5）至式（5-11）为路径前景值的计算公式。

$$T_{wr} = \sum (u_{s_i} + d_{s_i}) \cdot \eta_{wrs_i} + \sum t_{s_i s_j} \cdot \lambda_{wrs_i s_j} \quad (5\text{-}5)$$

$$\begin{aligned} d_{s_i s_j} &= 0, v_{s_i s_j} < k_{s_i s_j} \\ d_{s_i s_j} &\geqslant 0, v_{s_i s_j} = k_{s_i s_j} \end{aligned} \quad (5\text{-}6)$$

$$u_{s_i} = \frac{\varphi}{\sum_{r \in R_w} h_r} \tag{5-7}$$

$$T_\Delta = \begin{cases} T_e - T_{wr}, & T_e \geqslant T_{wr} \\ T_{wr} - T_e, & T_e < T_{wr} \end{cases} \tag{5-8}$$

$$V_{\mathrm{CPT}}(T_\Delta) = \begin{cases} T_\Delta^{\alpha}, & T_\Delta \geqslant 0 \\ -\lambda(-T_\Delta)^{\beta}, & T_\Delta < 0 \end{cases} \tag{5-9}$$

$$w(p) = w^+(p) = w^-(p) = \exp\left(-(-\ln p)^\gamma\right) \tag{5-10}$$

$$U_{\mathrm{CPT}}(T_\Delta) = \sum V_{\mathrm{CPT}}(T_\Delta) \cdot w(p) \tag{5-11}$$

式（5-12）至式（5-13）为有限理性视角下的公交用户最优均衡条件。

$$f_{wr}(\Omega(T_\Delta) - U_{\mathrm{CPT}}(T_\Delta)) = 0 \tag{5-12}$$

$$\Omega(T_\Delta) - U_{\mathrm{CPT}}(T_\Delta) \geqslant 0 \tag{5-13}$$

式（5-14）至式（5-16）为客流量分配规则。

$$q_w = \sum_{r \in R_w} f_{wr}, \forall w \in W \tag{5-14}$$

$$x_{s_i s_j} = \sum_w \sum_{r \in R_w} f_{wr} \cdot \lambda_{wrs_i s_j} \tag{5-15}$$

$$x_{s_i} = \sum_w \sum_{r \in R_w} f_{wr} \cdot \lambda_{wrs_i s_j} \cdot \eta_{wrs_i} \tag{5-16}$$

其中，η_{wrs_i} 和 $\lambda_{wrs_i s_j}$ 分别为站点 s_i 和路段 $s_i s_j$ 与路径 r 之间的关联系数，当 OD 对 w 间的路径 r 经过站点 s_i 和路段 $s_i s_j$ 时，η_{wrs_i} 和 $\lambda_{wrs_i s_j}$ 为 1，否则为 0。

5.2.2.4 问题求解

由于乘客对相同收益或相同损失的感知程度存在差异，计算上并不存在简单的可加性，用于求解用户均衡的算法，如 Frank-Wolfe 凸组合算法，不能很好地应用于该问题求解，故提出以下启发式算法对问题进行求解，算法流程见图 5-1。

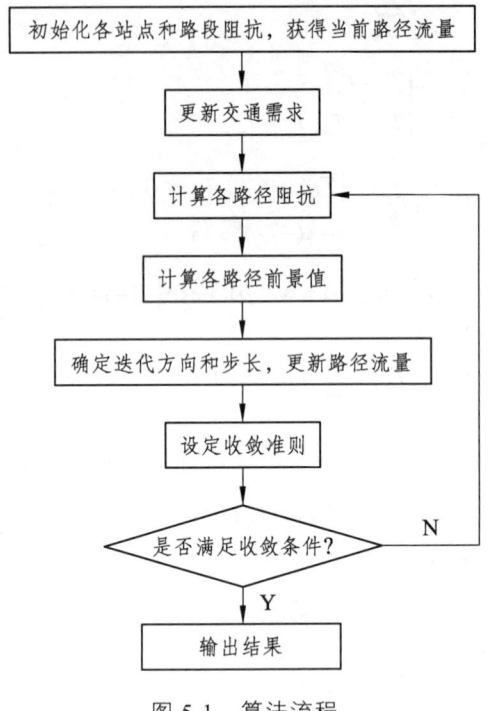

图 5-1 算法流程

该算法分为以下 5 个步骤：

① 初始化。令 $r=1$，$w=1$，给定当前路径流量 f_{11}。

② 根据式（5-5）至式（5-7）计算各路径阻抗，根据式（5-8）至式（5-10）计算路径效用和决策权重。

③ 计算路径前景值。根据式（5-11）计算各路径前景值，然后根据当前路径前景值和流量分布，寻找迭代方向 $g^{(r)}$ 和步长 $s^{(r)}$ 以更新路径流量 $f^{(r+1)} = f^{(r)} + s^{(r)} g^{(r)}$。

④ 设定收敛准则。令 $C = \sqrt{\sum_r (f_{wr}^{(n+1)} - f_{wr}^{(n)})^2} \Big/ \sum_r f_{wr}^{(n)} < \varepsilon$，$\forall w \in W$，$\varepsilon$ 为设定误差，n 为迭代次数，并给 ε 赋初值。

⑤ 收敛性检验。当满足设定误差时停止计算并输出结果，否则令 $r=r+1$，转步骤②。

5.3 案例研究：乘客感知在客流分配优化中的实践应用

5.3.1 基本状况描述

以九里堤公交站到磨子桥站的公交出行为例，可搭乘公交线路见图 5-2：3 路下行、49 路下行、28 路下行和 101 路下行，各可行公交路径具体描述如下：

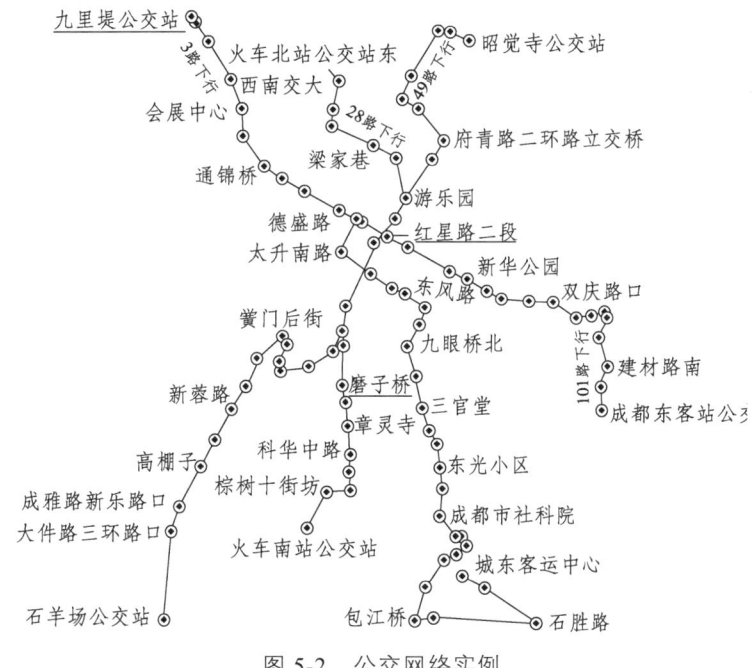

图 5-2 公交网络实例

① 从九里堤公交站出发，乘坐 3 路下行，经 13 站到达红星路二段站，换乘 49 路下行，经 3 站抵达磨子桥站。

② 从九里堤公交站出发，乘坐 3 路下行，经 13 站到达红星路二段站，换乘 28 路下行，经 3 站抵达磨子桥站。

③ 从九里堤公交站出发，乘坐 101 路下行，经 11 站到达红星路二段站，换乘 49 路下行，经 3 站抵达磨子桥站。

④ 从九里堤公交站出发，乘坐 101 路下行，经 11 站到达红星路二段站，换乘 28 路下行，经 3 站抵达磨子桥站。

结合成都市公交卡的消费数据和车载 GPS 数据分析可得经由这 4 条路径从九里堤公交站至磨子桥站之间的早高峰出行需求 q_w 为 9684 人次，即 q_w=9684 人次。便于描述和计算，将九里堤公交站、红星路二段站、磨子桥站分别编码为 s_o、s_t、s_d，记搭乘 3 路从九里堤公交站至红星路二段站的路段为 a，记搭乘 101 路从九里堤公交站至红星路二段站的路段为 b，记搭乘 49 路从红星路二段站至磨子桥站的路段为 c，记搭乘 28 路从红星路二段站至磨子桥站的路段为 d，各线路发车间隔和各路段阻抗，分别见表 5-2 和表 5-3。

表 5-2　公交线路发车间隔

线路编号	时间段	发车间隔/min	线路编号	时间段	发车间隔/min
3	06:15—06:40	5	101	06:30—06:58	7
3	06:40—07:00	4	101	06:58—07:22	6
3	07:00—07:18	3	101	07:22—07:58	4
3	07:18—08:30	2	101	07:58—08:28	5
3	08:30—09:00	3	101	08:28—09:00	6
49	06:30—07:00	5	28	06:00—06:30	6
49	07:00—08:00	2.5	28	06:30—07:00	5
49	08:00—08:24	3	28	07:00—08:12	3
49	08:24—08:40	4	28	08:12—08:20	4
49	08:40—09:00	4	28	08:20—09:00	5

表 5-3　路段阻抗

路段编号	时间段	路段阻抗/min	路段编号	时间段	路段阻抗/min
路段 a	06:15—06:40	25	路段 b	06:30—06:58	21
路段 a	06:40—07:00	33	路段 b	06:58—07:22	27
路段 a	07:00—07:18	40	路段 b	07:22—07:58	30
路段 a	07:18—08:30	35	路段 b	07:58—08:28	23
路段 a	08:30—09:00	36	路段 b	08:28—09:00	22

续表

路段编号	时间段	路段阻抗/min	路段编号	时间段	路段阻抗/min
路段 c	06:30—07:00	11	路段 d	06:00—06:30	13
路段 c	07:00—08:00	14	路段 d	06:30—07:00	13
路段 c	08:00—08:24	14	路段 d	07:00—08:12	17
路段 c	08:24—08:40	13	路段 d	08:12—08:20	15
路段 c	08:40—09:00	12	路段 d	08:20—09:00	14

5.3.2 计算结果与分析

结合表 5-2 和表 5-3 的基础数据,取各路段平均阻抗和各线路平均发车间隔作为计算依据,根据式(5-5)至式(5-7)计算可得图 5-2 中的各可行路径阻抗;引用 Kahneman 的参数标定结果,取 $\alpha = \beta = 0.88$,$\lambda = 2.25$,$\gamma = 0.74$;设定 $\varepsilon = 10 \times 10^{-5}$,参考点 T_e 为 48 min,对该实例问题进行求解,算法收敛图详见图 5-3。

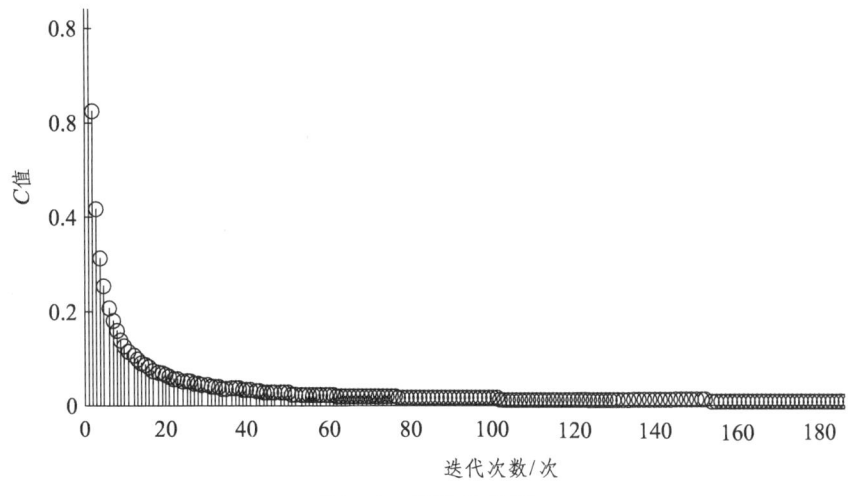

图 5-3 算法收敛图

由图 5-3 可知,C 值在开始迭代时下降迅速,在迭代次数达到大约 20 次时开始缓慢下降并逐步趋于平稳状态,主要原因在于算法采用了固定步长,经过大约 90 次迭代之后达到收敛要求,分配结果见表 5-4。

表 5-4　基于乘客有限理性感知的客流分配结果

属性	广义公交路径			
	路径 1	路径 2	路径 3	路径 4
包含路段	a 和 c	a 和 d	b 和 c	b 和 d
路径流量	1094.03	1709.68	5234.40	1645.89
前景值	0.4196	0.4196	0.4196	0.4196
出行时间均值	48.11	51.43	42.81	46.13
出行时间标准差	6.25	6.04	4.90	4.62
参考点取值	48			

由表 5-4 可知，当图 5-2 所示的公交网络达到有限理性视角下的用户最优均衡时，路径 1、路径 2、路径 3 和路径 4 的前景值相等且同时达到最大，这 4 条路径均被选用，但出行时间均值并不相等：选乘路径 3 的人数超过一半，路径 2 和路径 4 的选乘人数相差不大，路径 1 的选乘人数相对较少，这可能是由于路径 1 涉及的线路等车时间和乘车时间的标准差大于其他路径，由此而引起出行时间的不确定性增加，导致乘客的不满意度上升，使得该路径被选择的概率较低。

与表 5-5 中基于乘客完全理性假设的公交客流分配结果相比，4 条路径出行时间均值在同一时间达到最短，且均值都是相等的，而标准差却存在很大差异，尽管如此，4 条路径仍然全被选用，且各路径流量分配结果相差不大，该分配结果显然与现实生活中人们的公交出行路径选择行为存在较大差异。

表 5-5　基于乘客完全理性假设的客流分配结果

属　性	广义公交路径			
	路径 1	路径 2	路径 3	路径 4
包含路段	a 和 c	a 和 d	b 和 c	b 和 d
路径流量	1863.59	2235.20	3907.43	1677.79
路径出行时间均值	47.12	47.12	47.12	47.12
路径出行时间标准差	6.94	17.07	14.54	9.69

第 5 章　考虑乘客感知的城市公交客流分配研究

通过对比分析表 5-4 和表 5-5 的分配结果可知，有限理性视角下的公交用户最优均衡能有效综合出行时间均值与等车时间的不确定性对乘客路径选择决策的影响，能更合理地描述乘客在不确定环境下的路径选择行为，最根本的原因在于期望效用理论专注于指导人们该如何选择最优决策，而针对描述人们在不确定环境下的实际决策行为时前景理论更为适用。

综上所述，可根据基于乘客有限理性感知的理论分配结果来判断和评价公交线网规划和布局是否合理。从九里堤公交站到磨子桥站的公交出行，4 条路径均可到达，我们称这 4 条路径广义共线，实例分配结果显示：路径 3 充当了从九里堤公交站到磨子桥站的运输主力，路径 2 和路径 4 次之，路径 1 最少，这表明尽管乘客个体感知和个体偏好存在或大或小的差异，但公交线路组合 101 路和 49 路是大部分乘客的最佳选择，因此，应该尽最大可能实现 101 路和 49 路的无缝换乘，达到提升该线路组合的公交出行分担率的目标，或另设该 OD 间的直达线路等；以此类推，若能得到整个公交线网的分配结果，据此可对整个公交线网的线路数量和线路走向等进行优化，为公交车辆调度提供更科学、更有力的决策支持，从而达到提高整个公交系统资源配置效率之目的。

5.3.3　参考点敏感性分析

为了更精准地把握因参考点取值不同而引起的分配结果变化，对参考点进行敏感性分析。保持其他条件不变，以参考值为 48 min 的分配结果作为对照组，当参考点分别为 40 min、43 min、47 min、50 min、52 min 时，将对应的分配结果与对照组进行对比分析，结果见图 5-4。

由图 5-4 可知，参考点取值的变化会对客流分配结果产生影响，尽管整体变化趋势大体一致，但细节上还是存在较大差异，其可能的原因在于：当参考点的取值为 40 min 时，不管选择哪条路径，乘客都认为自己遭受损失，在这种情况下，路径 1 和路径 4 上的客流量相当，这是因为路径 1 的出行时间均值尽管稍大于路径 4，但路径 1 的标准差大于路径 4，这就很好地解释了乘客们在遭受损失情况下的风险追求现象；当参考点的取值为

52 min 时，不管选择哪条路径，乘客都认为自己受益，在这种情况下，路径 3 和路径 4 的客流量相差不大，且都大于路径 1 和路径 2 的客流量，这是因为路径 3 和路径 4 的出行时间均值相对较小，且标准差也较小，这就很好地解释了乘客在感受受益情况下的风险规避现象；当参考点的取值分别为 43 min、47 min 和 50 min 时与 5.3.2 节中参考点取值 48 min 时的分配结果大同小异：当乘客认为自己遭受损失时倾向于风险追求，当乘客认为自己获得收益时则倾向于风险规避。虽然此分析结果基于一天的早高峰客流分配，但对于常乘客而言，他们的出行习惯在短期内很难改变，故该理论分析结果可适用于多天同一时段的乘客出行。

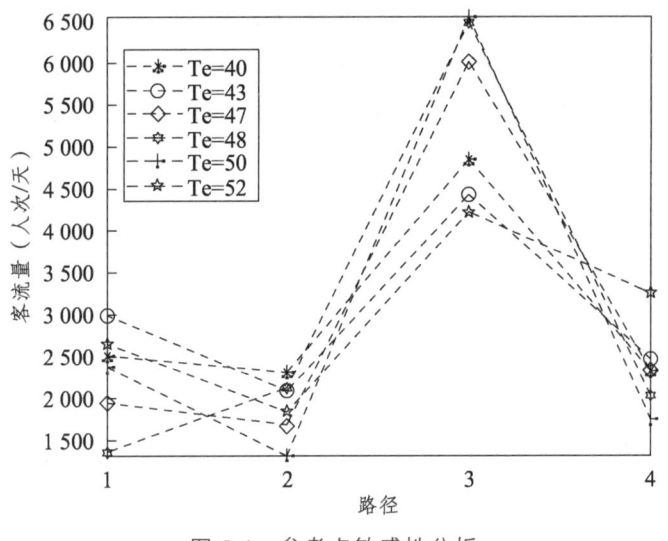

图 5-4 参考点敏感性分析

那么，可以通过改变参考点的取值来有效引导出行需求，缩短出行距离，充分利用公交运输能力。比如，布设公交站点电子站牌，由于电子站牌会实时显示车辆到站信息，将不确定的等待变为确定性的等待；同时也可以在公交站点发布天气或城市信息，这就能使乘客更合理有效地充分利用其等车时间、减少因等车带来的焦虑和不安，对等待时间不那么敏感；还可以通过移动设备、互联网、多媒体技术等发布实时公交信息。总之，从理论上来分析，这些举措的实施无一不是通过影响乘客的感知，即影响了参考点的取值，使乘客重新判定各自是感知收益还是遭受损失，并以此作为下次出行的决策参考，最终达到有效引导出行需求，缩短出行距离和充分利用公交运输能力之目的。

5.4 结论与建议

由前分析可知，考虑乘客感知的客流分配能有效综合出行时间均值与方差对乘客路径选择决策的影响，可同时考虑乘客的风险偏好、出行时间可靠性、迟到损失等因素对路径选择和公交客流分配的影响，从而能更好地描述和还原乘客的实际路径选择行为。

5.4.1 结论

在有限理性视角下，当公交网络达到用户最优均衡时，各路径的前景值相等且达到最大值，因此均被选用。然而，这些路径的出行时间均值并不相同，选乘人数也存在明显差异。

基于完全理性假设的公交客流分配结果显示，出行时间均值最短且相等，但标准差却有较大差异。尽管各路径都被选用，其流量分配情况与现实中的实际情况存在较大出入。

有限理性视角能够有效综合出行时间均值以及相关因素的影响，从而更合理地描述乘客的路径选择行为。这主要是因为不同的理论具有不同的适用场景，期望效用理论侧重于指导最优决策，而前景理论在描述人们在不确定环境下的实际决策行为方面更具优势。

5.4.2 建议

基于乘客有限理性感知的理论分配结果具有重要作用，能够对公交线网的规划布局是否合理做出准确判断。这为优化公交系统提供了关键的依据和方向。

以从九里堤公交站到磨子桥站的公交出行为例，当存在 4 条广义共线的路径时，其中路径 3 成为运输主力。针对这种情况，应当致力于优化相关线路的换乘条件，或者设立直达线路，以满足乘客的出行需求，提高公交服务的质量和效率。

如果能够获取整个公交线网的分配结果，那么就能够进一步对公交线路的数量和走向进行有针对性的优化。这不仅能够为公交车辆的调度提供科学且有力的决策支持，还有助于提高整个公交系统的资源配置效率，实现公交资源的最大化利用。

参考点的取值变化会对客流分配产生显著影响。可以通过改变参考点的取值来有效地引导出行需求，例如布设公交站点电子站牌，实时显示车辆到站信息，将不确定的等待转变为确定性的等待。

建议在公交站点发布天气或城市信息，或者通过移动设备、互联网、多媒体技术等发布实时公交信息。这些举措能够影响乘客的感知，改变参考点的取值，让乘客重新判定是感知收益还是遭受损失，从而为其下次出行提供决策参考，优化出行选择。

5.5 本章小结

本章考虑乘客有限理性决策，基于累积前景理论分析框架，突破了传统公交客流分配模型的理论假设及适用性的局限，建立了考虑乘客感知的城市公交客流分配模型，并运用案例分析验证了模型的合理性及有效性，结果表明：考虑乘客感知的客流分配能有效综合出行时间均值与标准差对乘客路径选择决策的影响，可同时考虑乘客的风险偏好、出行时间可靠性、迟到损失等因素对路径选择和公交客流分配的影响，从而能更好地描述和还原乘客基于有限理性决策的路径选择行为。根据本章理论分析结果，一方面，可根据基于乘客有限理性感知的理论分配结果来判断和评价公交线网规划和布局是否合理；另一方面，可通过改变参考点的取值来有效引导出行需求，缩短出行距离，充分利用公交运输能力。实践层面，建议加强乘客感知的调研与分析、优化公交线网布局和提升公交服务质量，以提升城市公交系统的服务水平和满足乘客多样化出行需求。

第 6 章

考虑学习行为的
日常城市公交系统演化研究

不管是实时信息作用,还是换乘行为影响,还是乘客的个体感知体现,现实生活中的公交出行,归根结底是一个动态的演化过程:时变交通环境下,乘客借鉴以往的出行经验、参考当下的实时信息对未来出行的路径阻抗进行预测,并据此调整出发时间或/和出行路径,本章将该过程称为乘客的出行学习行为。学习行为是指乘客在公交出行过程中不断积累经验、形成习惯和改变出行模式的过程。学习行为对于客流分配演化具有重要影响,它能够帮助乘客更好地适应公交系统的变化和提高出行效率。通过分析乘客的学习行为特征和模式,可以更好地理解他们的出行需求和偏好变化。同时,还可以利用学习行为优化公交服务和客流管理模型,提高公交系统的运行效率和乘客满意度。本章将深入探讨学习行为在公交系统演化中的作用,并构建基于学习行为的公交系统演化模型,以期更准确地模拟和预测公交系统的演化趋势。同时,通过案例研究,将分析公交系统在学习行为下的演化趋势,并对比仿真结果与实际流量数据,验证模型的有效性和实用性。

6.1 实证分析乘客出行的学习行为

"你告诉我,离开这里应该走哪条路?""这要看你想上哪儿去,"猫说。"去哪里我无所谓。"爱丽丝说。"那你走哪条路都没关系。"猫说。"只要能走到一个地方。"爱丽丝又补充说了一句。

第二篇　理论与创新

>　　"哦，那行，"猫说，"只要你走得够远的话。"
>
>　　　　　　　　　　——刘易斯·卡罗尔，《爱丽丝漫游奇境记》

　　正如上述爱丽丝所处的择路困境一样，现实生活中的公交乘客出行，人们也常常发现自己频繁处于择路困境，尤其是存在公交共线的情况，路径选择呈现更加多样化和复杂化的趋势。与爱丽丝不同的是，乘客对每次出行成本的认知会随着出行经验的积累和实时信息的获取而不断更新，在每次出行结束后，人们对当次出行都会有确定的认知，尽管如此，当下次面临同样环境的出行时，还是无法准确预估出行时间，而只能根据以往的出行经验和能够获取的实时信息来预测出行时间，该过程是个动态的学习与更新过程。

　　在探讨内外部因素共同作用下的学习行为如何促进公交系统动态演化的内在机理之前，有必要首先对成都市真实公交数据进行分析，以掌握实际公交客流的宏观分布规律；那么，乘客的个体学习能力如何影响乘客的路径选择行为，又是如何影响和呈现通过实际数据分析所揭示的宏观客流分布规律？该问题将在本章进行详细的分析、解释和说明。具体而言，本章主要是从建立微观个体乘客的出行行为机制出发，研究群体行为集聚而展现的系统演化规律。

　　从成都市公交卡的历史消费数据库中提取 3 路公交车某连续两个月的刷卡记录（排除双休日和节假日），按照 5 分钟的刷卡间隔进行分析拟合，详见图 6-1。

　　由图 6-1 可知，受城市居民不同的出行目的和不同的生活节奏影响：客流量分布呈现明显的"一日三峰"现象，且早晚上下班高峰时段较其他两个小峰显著得多。为区分工作日和周末出行的客流分布，分析拟合结果见图 6-2。

　　由图 6-2 可知，工作日呈现清晰的早晚高峰节拍，周末则是较稳定的全天出行节拍，且周一早高峰时期有一个较明显的松散空白区，说明周一早晨的居民出行可能存在一个特定的行为模式，有可能是双休日刚结束造成的松散现象。

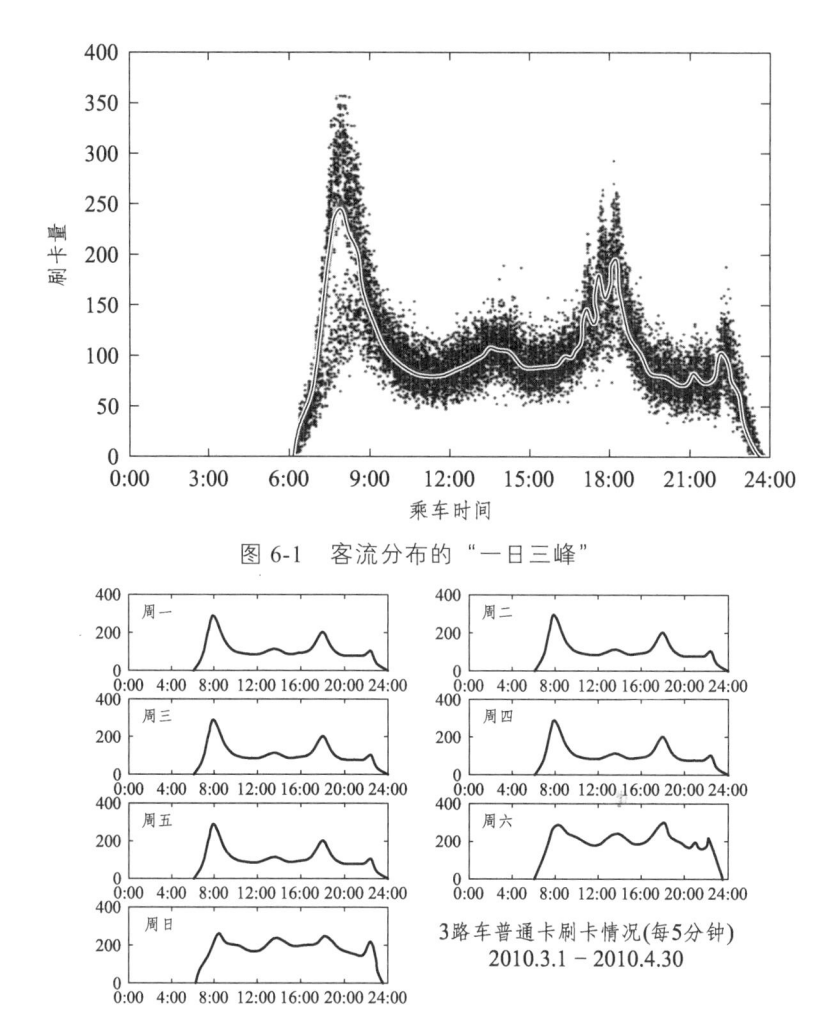

第6章　考虑学习行为的日常城市公交系统演化研究

图 6-1　客流分布的"一日三峰"

3路车普通卡刷卡情况(每5分钟)
2010.3.1 – 2010.4.30

图 6-2　周一至周日的客流分布

为区分不同类型乘客的客流量，分析结果见图 6-3。由此可知，较学生出行而言，成人出行的高峰时段持续时间相对更长且客流量更大。

由图 6-1 至图 6-3 可知，不管区分客流群体与否，宏观上的客流分布均有规律可循，这种规律性的视觉效果呈现是如何通过个体行为的集聚和演化而来的，这就有必要从建立微观个体行为机制出发，探讨内外部因素共同作用下的学习行为如何促进公交系统动态演化的内在机理，力图再现个体乘客非合作情况下的宏观出行规律。

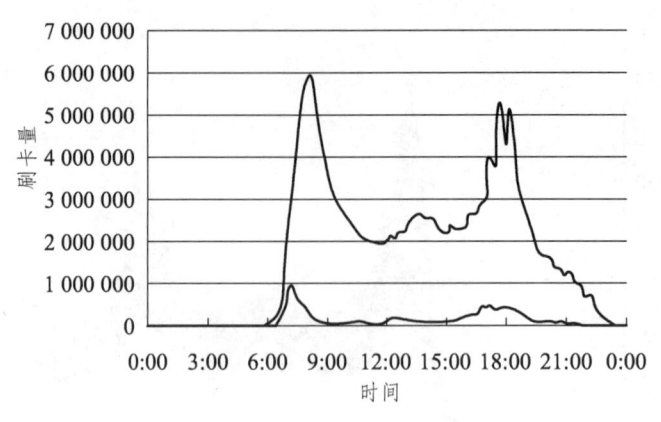

图 6-3　成人卡和学生卡流量对比

考虑出行者的学习能力对出行路径选择的影响在个体交通分配研究中并不罕见。早在 20 世纪 80 年代中期，Horowitz 等将出行者以往的出行阻抗加权平均值作为当次路径选择的依据，探讨了路径选择过程中的学习行为，但没有考虑信息带来的影响，也并未涉及出行者对出行阻抗的感知差异[105]；Selten 等[176]设定一条主路和一条辅路的两条平行路径实验环境，以波恩大学的 18 个学生作为实验对象，进行了路径选择行为实验；Klügl[177]运用自适应更新规则研究日常路径选择行为中出行者的学习能力，并用于交通预测。近年来，以贝叶斯模型为基础的相关学习机制研究掀起了一股热潮，如 Jha[106]，Chen[107]等，这些模型在处理出行不确定性和出行者对信息获取的反应方面有很好的应用，但仅限于路径选择，不考虑出发时间和出行方式选择[108-110]。另外，国内外很多学者从认知差异[66]、风险感知[111]、ATIS 信息诱导[2, 112-114]、风险规避[115, 116]和可靠性[33, 117, 118, 178]等不同角度对择路模型及分配模型进行了扩展，分别建立相应的路径选择模型和交通网络均衡分配模型，但这些研究基于出行者完全理性假设，即乘客有充分的把握获取和利用交通信息系统，但该假设过于苛刻，与实际情况不太相符。

综上所述，关于如何清晰合理地刻画出行者基于认知更新的路径选择行为在个体交通配流方面已成为一个研究热点[132, 133]。然而，有关公交客流分配问题的研究鲜有考虑乘客的学习行为，尽管 Wahba（2004）[114]，Wahba（2006）等[113]，Wahba（2008）[2]等研究中有所考虑，但乘客出行基于学习

第 6 章　考虑学习行为的日常城市公交系统演化研究

行为决策的选择机制对公交客流分配乃至整个公交系统的演化尚缺乏内在机制的研究。

继第 3 章、第 4 章和第 5 章分别研究外部因素之一、外部因素之二以及内部因素影响之后，本章拟探讨内外部因素共同作用下的学习行为如何促进公交系统动态演化的机理。基于行为科学理论，将经历-加权吸引学习模型用于乘客基于学习行为的路径选择建模，从建立个体行为机制出发，研究群体行为集计汇聚而展现出来的系统演化规律，阐明公交系统的动态演化机理，基于成都市公交网络基础数据，运用计算机仿真模拟算例诠释公交系统演化到广义用户最优均衡的过程，同时探讨外界扰动对系统收敛或系统均衡产生的影响。

6.2　乘客学习行为对公交系统演化的影响

乘客的学习行为指的是乘客在使用公交系统的过程中，通过经验积累、信息获取和决策调整，逐渐优化自己出行行为的过程。这种行为具有动态性、适应性和互动性等特点。

（1）直接影响

一是需求驱动。乘客的学习行为会直接影响公交系统的需求变化。随着乘客对公交系统的熟悉和依赖程度增加，他们的出行需求也会发生变化。例如，乘客可能会根据个人的出行习惯和偏好，选择不同的公交线路、班次和支付方式。这种需求变化会驱动公交系统优化线路设计、提高服务质量和推出新的服务模式。

二是反馈机制。乘客的学习行为还包括对公交服务质量的反馈。乘客会根据自己的体验和评价，对公交系统的各个方面（如准时性、舒适度、安全性等）进行反馈。这种反馈是公交系统演化的重要依据，有助于公交运营者了解乘客的需求和期望，从而使公交系统调整运营策略、改进服务质量。

（2）间接影响

一是政策与策略调整。乘客的学习行为也会影响公交系统的政策和策略调整。政府和公交公司会根据乘客的出行需求、反馈和行为模式,制定和调整公交政策(如票价、补贴政策)和运营策略(如引入新技术、提高服务质量)。这些政策和策略的调整会进一步推动公交系统的演化和发展。

二是社会互动与知识共享。乘客之间的社会互动和知识共享也是公交系统演化的重要推动力。乘客之间会分享出行经验、推荐线路等,这种互动和共享有助于公交系统了解乘客的集体智慧和需求,从而进行更加精准和有效的优化。

(3)技术进步与乘客学习行为的相互作用

随着技术的进步和创新,公交系统也在不断引入新技术(如智能调度、自动驾驶、移动支付等)。这些新技术的应用需要乘客进行学习和适应。同时,乘客的学习行为也会推动新技术的迭代和优化,以满足乘客的需求和提高公交系统的效率。

综上所述,乘客的学习行为在公交系统演化中发挥着重要作用。它不仅直接影响公交系统的需求变化和反馈机制,还通过政策与策略调整、社会互动与技术进步等方式间接推动公交系统的演化和发展。因此,在公交系统规划和管理中,应充分考虑乘客的学习行为的影响,以提高公交系统的效率、吸引力和可持续发展能力。

6.3 基于学习行为的公交系统演化模型

本节仍然沿用第 2 章提出的广义公交路径定义、符号和基本假设,将在 6.3.1 节中介绍经历-加权吸引学习模型的核心思想;在 6.3.2 节中分析经历-加权吸引学习模型用于公交出行决策的适用性,并基于经历-加权吸引学习模型建立路径选择模型;在 6.3.3 节中运用数学语言描述和解释说明日常公交系统的演化机理。

6.3.1 经历-加权吸引学习模型

学习模型主要经历了强化学习、信念学习和经历-加权吸引学习这 3 个

第 6 章 考虑学习行为的日常城市公交系统演化研究

发展阶段。由于在 1.3.3 节对学习模型有较详细的介绍，此处不再赘述。

强化学习（Reinforcement Learning，RL）假定各个策略被选择的概率不同，只有被观察到成功的策略才会被强化，否则不会被强化，不考虑未选策略的收益信息是强化学习模型最大的缺陷[179]。

信念学习（Belief Learning，BL）认为参与人会根据其他参与人之前的历史行动形成他们将会如何行动的信念，然后根据这些信念计算各个策略的期望收益，并赋予较高期望支付的策略更高的选择概率，但是该学习模型忽略了参与人自己过去的成功策略。

为此，Camerer 和 Ho 于 1999 年结合实验数据提出了一种自适应学习模型——经历-加权吸引学习（Experiemce Weighted Attraction Learning，EWAL）模型，它的核心思想主要包括以下 3 点：① 策略如何得到强化选择；② 策略吸引值的增长率如何控制；③ 策略的经验权重和初始吸引值如何确定。吸引力值 $A_{in}(t)$ 和经验权重 $N(t)$ 是 EWAL 模型的两个核心变量，二者分别通过式（6-1）和式（6-2）随时间更新[154]。

$$N(t) = \rho \cdot N(t-1) + 1, \quad t \geq 1 \tag{6-1}$$

$$A_{in}(t) = \frac{\phi \cdot N(t-1) \cdot A_{in}(t-1) + [\delta + (1-\delta) \cdot I(c_{in}, c_n(t))] \cdot \pi_n(c_{in}, c_{-n}(t))}{N(t)} \tag{6-2}$$

其中，式（6-1）表示参与人 t 期的经历权重等于参与人所记住的 t-1 期的经历权重加 1，通常被称为经历加权公式，用以表示相邻两轮经历权重之间的更新，式中的 1 指的是赋予 t 期所观测到的经历权重为 1；式（6-2）为吸引公式，各个变量含义分别解释如下。

$N(t)$：经历权重，可看成是对过去经历的"等价观测"；

$A_{in}(t)$：t 期策略 i 对参与人 n 的吸引力值的大小；

$\pi_n(c_{in}, c_{-n}(t))$ 表示当参与人 n 于 t 期选择 i 策略的实际支付，此时其他参与人的选择策略集合为 $c_{-n}(t)$；

$I(c_{in}, c_n(t))$：关联函数，若参与人 n 在 t 期选择策略 r，$I(c_{in}, c_n(t))$ 为 1，否则为 0；

ρ：上一期经历权重被记住的概率，通常被称为经历权重贴现率；

ϕ：上一期吸引被记住的概率，通常被称为吸引贴现率；

δ：通过引入 δ，使得个体可以通过观察未选中的恰当策略或行动而进行学习，主要的原因在于若 δ 大于 0，那么经验的收集和积累将扩大至没有被选中的策略或行动中，因此，δ 通常被称为未被选中策略的支付权重。

需要说明的是，初始权重 $N(0)$ 和初始吸引 $A_{in}(0)$ 外生给定，源于学习而产生的博弈前的考量和对类似博弈的参考；除此之外，Camerer 和 Ho 利用实验数据，通过极大似然法估计这些参数，得到 $\delta \approx 0.5$，$\phi \in (0.8,1)$ 和 $\rho \in (0,\phi)$。

6.3.2 EWAL 模型用于公交出行决策

作为自适应模型的一种，EWAL 模型被认为是最适合描述和评估人们在有限信息条件下如何很快学习的工具[180]。EWAL 模型首先被引入到博弈论领域，之后相继应用于其他领域[152, 181]。

在现实生活中的公交出行中，不管是乘客自己还是他人过去的成功出行经验，还是其他未被选择路径的收益信息，也就是经济学当中的所说的机会成本，当这些信息均可用时，乘客都会加以考虑，而 EWAL 模型能恰到好处地综合考虑这些因素，赋予每条路径一个"吸引值"，用以表示乘客对该路径的偏好。下面结合 EWAL 模型对乘客的出行学习行为进行数学描述和解释说明。

6.3.2.1 路径阻抗

在公交网络中，由于同一 OD 对间会有多条路径可以到达，且每条线路均有其固定的行车路线和发车频率，受出行目的、出行时间、出行距离、出行费用、舒适度、换乘的方便性及出行习惯等多种因素的影响，乘客往往只会考虑其中的一部分路径，这部分路径称为有效路径。通过有效路径的选取，将乘客为实现其物理位置转移而付出的时间和经济成本之和称为出行路径阻抗，简称路径阻抗，由于乘客对公交票价的敏感程度并不高，因此，下面主要从时间成本角度分析路径阻抗的计算方法。

第6章 考虑学习行为的日常城市公交系统演化研究

乘客的站点候车行为是一个复杂的排队过程，尤其是高峰时期，随着客流量的增加，因站点能力和车辆安全容量限制而出现的拥挤延迟现象十分常见：乘客不能搭乘吸引线路集中的第一辆到达的车辆，就不得不选择继续等待该线路的下一趟车或换乘另一条可行线路，从而导致额外的拥挤延迟现象。因此，本书给定如下假设：若乘客不能搭乘上吸引线路集中第一辆到达的车辆，则一定能够搭乘上第二辆到达的车辆，或换乘其他公交线路，也就是不考虑二次等待现象。用 $u_{s_i}(t)$ 表示乘客在起点站或换乘站 s_i 等待吸引线路集中第一辆到达的车辆所花时间，详见式（6-3）。

$$u_{s_i}(t) = \frac{\varphi}{\sum_{r \in R_w} h_r(t)} \quad (6\text{-}3)$$

当 $\varphi = 0.5$ 时，表示乘客到达服从均匀分布，公交车辆到达服从泊松分布，此时乘客的等待时间服从均匀分布；路径阻抗主要包括站点候车时间 $u_{s_i}(t)$ 和路段运行时间 $t_{s_i s_j}(t)$，除此之外，因拥挤延迟而使得乘客在起点站或换乘站 s_i 不能搭乘上第一辆到达车辆的过载等待时间也不容忽视，记为 $d_{s_i}(t)$，详式（6-4）。

$$\begin{aligned}&d_{s_i}(t) = 0, v_{s_i s_j} < k_{s_i s_j} \\ &d_{s_i}(t) \geqslant 0, v_{s_i s_j} = k_{s_i s_j}\end{aligned} \quad (6\text{-}4)$$

其中，$v_{s_i s_j}$ 为路段 $s_i s_j$ 上的客流量，$k_{s_i s_j}$ 为路段 $s_i s_j$ 的最大安全容量。乘客在 OD 对 w 间选择路径 r 的阻抗为其包含的所有路段车辆运行时间、站点一次等待时间和过载等待时间之和，详见式（6-5）。

$$\pi_n(c_{rn}, c_{-n}(t)) = \sum (u_{s_i}(t) + d_{s_i}(t)) \cdot \eta_{wrs_i} + \sum t_{s_i s_j}(t) \cdot \lambda_{wrs_i s_j} \quad (6\text{-}5)$$

其中，$\pi_n(c_{rn}, c_{-n}(t))$ 表示当其他乘客在第 t 期的选择路径集合为 $c_{-n}(t)$ 时，乘客 n 选择路径 r 的阻抗函数；乘客于第 t 期选择路径 r，记为 $c_{rn}(t)$；除乘客 n 以外的其他乘客选择的路径矢量矩阵记为 $\boldsymbol{c_{-n}(t)}$；η_{wrs_i} 和 $\lambda_{wrs_i s_j}$ 分别为站点 s_i 和路段 $s_i s_j$ 与路径 r 之间的关联系数，当 OD 对 w 间的路径 r 经过站点 s_i 和路段 $s_i s_j$ 时，η_{wrs_i} 和 $\lambda_{wrs_i s_j}$ 取值为 1，否则为 0。

6.3.2.2 路径吸引力值更新规则

根据 EWAL 建模思路，用 $A_{rn}(t)$ 表示乘客 n 第 t 天出行对路径 r 的偏好程度，乘客路径选择的吸引力值更新方程详见式（6-6）。

$$A_{rn}(t) = \frac{\phi \cdot N(t-1) \cdot A_{rn}(t-1) + [\delta + (1-\delta) \cdot I(c_{rn}, c_n(t))] \cdot \pi_n(c_{rn}, c_{-n}(t))}{N(t)} \quad (6\text{-}6)$$

各变量和参数均有其特定的现实含义，分别解释说明如下：

（1）经验权重 $N(t)$ 表示乘客的出行经验积累值，用以衡量过去出行经验的重要程度，此处可理解为以往出行经验对乘客搜索当下可行路径的重要程度。

（2）$\pi_n(c_{rn}, c_{-n}(t))$ 表示第 t 天早高峰时段，当其他乘客在选择路径集合 $c_{-n}(t)$ 时，乘客 n 选择路径 r 的阻抗，详见式（6-3）至式（6-5）。

（3）关联函数 $I(c_{rn}, c_n(t))$ 的取值根据乘客 n 在第 t 天早高峰时段选择的策略而定，当乘客 n 在第 t 天早高峰时段选择的路径 r 时，$I(c_{rn}, c_n(t))$ 为 1，否则为 0。

（4）相对于实际选择路径，赋予乘客未选可行路径的权重为 δ，用以衡量选乘路径和未选乘路径的相对重要性，从而使得所有的可行路径均有机会获得强化选择。事实上，这与现实情况是相符的，由于公交共线现象的普遍存在，同一 OD 对之间的可行路径往往有多条，乘客并非总是考虑其中的某一条，尤其是在早高峰时段，往往会尝试一些平时并不经常搭乘的路径。

（5）吸引力值衰减系数 ϕ 表示乘客对过去选择偏好的衰减程度，具体而言，表示某路径被选乘的有效性随交通环境的变化、因对过去所选方案记忆的减弱或对过去经验的放弃等原因而下降。

（6）经历权重贴现率 ρ，用以控制乘客对某一路径的偏好增长率，反映乘客的学习能力。

值得注意的是：当 $\rho = \delta = 0$，$N(0) = 1$ 时，吸引力值由式（6-7）更新，此时的 EWAL 模型相当于累积强化学习模型，赋予每一期经历为 1 的相等权重；当 $\delta = 1$，$\rho = \phi$ 时，吸引力值由式（6-8）更新，此时的 EWAL 模型类似于信念学习中的加权虚拟行动。

$$A_{rn}(t) = \phi \cdot A_{rn}(t-1) + I(c_{rn}, c_n(t)) \cdot \pi_n(c_{rn}, c_{-n}(t)) \qquad (6-7)$$

$$A_{rn}(t) = \frac{\phi \cdot N(t-1) \cdot A_{rn}(t-1) + \pi_n(c_{rn}, c_{-n}(t))}{\rho \cdot N(t-1) + 1} \qquad (6-8)$$

6.3.2.3 基于 EWAL 模型的路径选择行为

假设乘客对过去 t 期的出行经历存有记忆，令 $M_r(1), M_r(2), \cdots, M_r(t)$ 为实时信息，表示电子站牌显示"线路 r 距本站多少站"，$t_r(1), t_r(2), \cdots, t_r(t)$ 表示同一乘客在第 1 期至第 t 期参考电子站牌信息后经由路径 r 出行的实际出行时间，假设在研究时段内的第 1 期，乘客对各路径的出行阻抗一无所知，$M_r(t)$ 和 $M_{-r}(t)$ 分别表示第 t 期路径 r 和除路径 r 以外的其他路径的电子站牌信息。不失一般性，令 $U_{rn}(M_r(t), t)$ 为乘客 n 结合以往的出行经验于第 t 期获取信息后选择路径 r 的效用，则有式（6-9）成立。

$$U_{rn}(M_r(t), t) = V(M_r(t)) + A_{rn}(t) + \varepsilon \qquad (6-9)$$

其中，$V(M_r(t))$ 为效用函数的固定项，仅依赖于当期出行获得的电子站牌信息；$A_{rn}(t)$ 为吸引力值，表示乘客 n 对路径 r 的决策偏好，可理解为乘客对路径 r 的信心，若该值为负则为排斥值，通过式（6-6）进行计算；ε 为误差项，用以表示乘客的认知偏差，假设 ε 相互独立且服从二重指数分布，那么，各路径选择概率通过式（6-10）进行计算，乘客根据当期概率大小确定下一期的最优路径选择[182]。

$$P_{rn}(t) = \frac{\exp-[A_{rn}(t-1) + V(M_r(t-1))]/\omega}{\sum_{k \in R} \exp-[A_{kn}(t-1) + V(M_k(t-1))]/\omega} \qquad (6-10)$$

其中，$P_{rn}(t)$ 为乘客 n 在第 t 期选择路径 r 的概率；R 为可供乘客选乘的有效路径数目；ω 用以度量乘客对吸引力值变化的敏感程度，它随乘客的出行目的、心理感知和未被选乘路径"机会成本"的变化而发生变化。

6.3.3 日常公交系统演化

在时变交通环境下，乘客借鉴以往的出行经验并参考当下的实时信息对未来出行阻抗进行预测,并据此调整各自的选择方案,随着时间的推移,将乘客的日常择路行为在时间轴上展开,形成以下包括式(6-1)~式(6-5)、式(6-9)~式(6-10)的动态公交系统。

$$f_{wr}(t) = q_w \cdot p_{rn}(t) \tag{6-11}$$

$$\sum_{r \in R_w} f_{wr}(t) - q_w = 0 \tag{6-12}$$

$$x_{s_i s_j}(t) = \sum_{w \in W} \sum_{r \in R} f_{wr}(t) \cdot \lambda_{wrs_i s_j} \tag{6-13}$$

$$x_{s_i}(t) = \sum_{w \in W} \sum_{r \in R} f_{wr}(t) \cdot \lambda_{wrs_i s_j} \cdot \eta_{wrs_i} \tag{6-14}$$

其中,式(6-1)至式(6-2)为乘客日常择路学习行为的基本原则;式(6-3)至(6-5)为路径阻抗计算公式;式(6-9)为路径效用计算公式;式(6-10)为乘客基于学习行为的路径选择概率计算公式;式(6-11)至式(6-12)为流量守恒条件;式(6-13)至式(6-14)为客流量分配规则。

通常情况下,我们将公交网络中所有乘客的出行选择都不再变化的状态称为系统均衡状态,但是,从严格意义上来讲,该状态为理想状态下的收敛,在现实生活中的时变交通网络环境下是不可能出现的。因此,本书给定一个可接受的容忍水平 ψ,ψ 值视具体情况而定,当所有被选路径的最大吸引和最小吸引之差连续 m 天均不超过该容忍水平 ψ 时,则认为该系统状态是收敛的[111],称该状态为广义用户最优均衡。

本节将基于成都市部分真实公交网络基础数据,运用计算机模拟仿真方法说明公交系统演化到广义用户最优均衡的过程,探讨外界扰动对系统收敛或系统均衡产生的影响。

6.4 案例研究:公交系统在学习行为下的演化趋势仿真分析

6.4.1 基本状况描述

鉴于本章建立的路径选择行为机制比较复杂,难以从数学推理的角度探讨公交系统演化的收敛性和收敛所需时间,下面运用图 6-4 所示的简单

第6章 考虑学习行为的日常城市公交系统演化研究

公交网络来诠释公交系统的动态演化过程。

图 6-4 简单公交路网示意

从图 6-4 中的各公交站点出发到盐市口站，有两条公交线路可供选择：一条是 48 路，一条是 56 路，这两条线路的早高峰发车间隔，详见表 6-1，根据线路发车间隔，结合式（6-3）至式（6-5），可得不同时间段的各路径阻抗，详见表 6-2。

表 6-1 公交线路发车间隔

线路编号	时间段	发车间隔/min	线路编号	时间段	发车间隔/min
56	06:00—06:45	5	48	06:00—06:20	10
56	06:45—07:15	3	48	06:20—06:50	6
56	07:15—07:55	2	48	06:50—07:10	4
56	07:55—08:20	2.5	48	07:10—08:10	3
56	08:20—09:00	3	48	08:10—09:00	4

表 6-2 路径阻抗

线路编号	时间段	路径阻抗/min	线路编号	时间段/min	路径阻抗/min
56	06:00—06:45	22	48	06:00—06:20	26
56	06:45—07:15	24	48	06:20—06:50	28
56	07:15—07:55	33	48	06:50—07:10	34
56	07:55—08:20	30	48	07:10—08:10	41
56	08:20—09:00	25	48	08:10—09:00	33

通过对成都市公交卡的历史消费数据流量分析可知,56路的选择比例明显高于48路,最主要的原因可能在于48路绕行严重,这也可从图6-4中两条线路的示意中粗略看出。

6.4.2 计算结果与分析

下面以图6-4所示的简单公交网络来诠释动态公交系统的演化过程,用以解释和说明动态公交系统演化到广义用户最优均衡的内在机理,同时探讨外界扰动对系统收敛或系统均衡产生的影响。

结合成都市公交卡的消费数据和车载GPS数据,分析可得早高峰时段搭乘图6-4中各站点经由56路和48路到达盐市口站的客流需求;令搭乘56路和48路的初始频率为0.5,表示乘客在初始阶段对这两条路径的选择偏好无明显差异,以此作为模拟仿真的基础数据是较为合理的。

(1)首先计算初始策略吸引值。构建似然函数,见式(6-15)。

$$L(A_n(0),\omega) = \prod_n \left(\prod_t^T (P_{rn}(t)) \right) \\ = \prod_n \left(\prod_t^T \frac{\exp\omega \cdot (A_{rn}(t) + V(M_k(t)))}{\sum_{k=1}^2 \exp\omega \cdot (A_{kn}(t) + V(M_k(t)))} \right) \quad (6\text{-}15)$$

(2)根据路径初始吸引值须满足似然函数值最大,可得初始路径吸引值的约束条件,详见式(6-16)至式(6-17)。

$$\frac{\exp(\omega \cdot (A_{56n}(0) + V(M_{56}(0))))}{\exp(\omega \cdot (A_{48n}(0) + V(M_{48}(0)))) + \exp(\omega \cdot (A_{56n}(0) + V(M_{56}(0))))} = 0.5 \quad (6\text{-}16)$$

$$\frac{\exp(\omega \cdot (A_{48n}(0) + V(M_{48}(0))))}{\exp(\omega \cdot (A_{48n}(0) + V(M_{48}(0)))) + \exp(\omega \cdot (A_{56n}(0) + V(M_{56}(0))))} = 0.5 \quad (6\text{-}17)$$

(3)令48路的初始吸引值为0,$\omega = 0.1768$,通过计算可知选乘56路的初始吸引值为61.91;借鉴文献[182],令$\rho = 0.92$,$\phi = 1$,$\delta = 0.76$;其中,关于$N(0)$的设定需引起重视:初始吸引值的经验权重$N(0)$被引入的目的是允许乘客有初始优先选择权,它相对于因实际经验和收益而引起的吸

第 6 章　考虑学习行为的日常城市公交系统演化研究

引值的增量改变，由于模拟中给定两条线路的初始选择比例均为 0.5，故此处令 $N(0)=1$，表示当吸引值更新时给予初始吸引值及通过收益强化的量为相等权重；取容忍水平 $\psi=10$，将初始值和各参数值代入式（6-2）和式（6-10），由于电子站牌信息函数的量化问题存在难点，故在模拟实例的程序中将其简化为常数值 ucaseMfactor（代码见附录 3）；此外，关于乘客出发地到公交站的步行距离，公交车辆的安全容量限制在模拟中均已加以考虑，结合 6.3 节的理论分析及数学公式，可获得各路径流量变化，详见图 6-5。

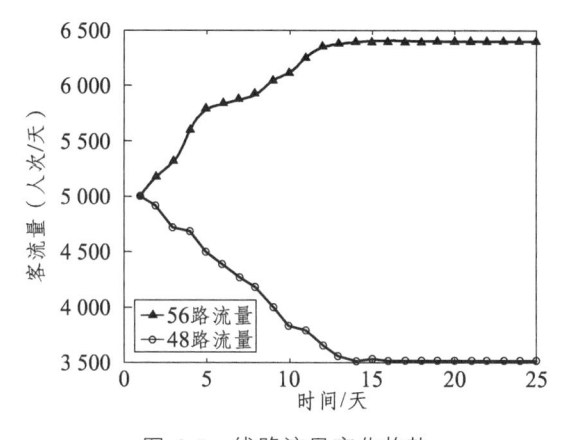

图 6-5　线路流量变化趋势

由图 6-5 可知，受乘客出行学习行为影响，各路径流量从开始的波动较大，渐渐趋于平缓，最终达到广义用户最优均衡状态。

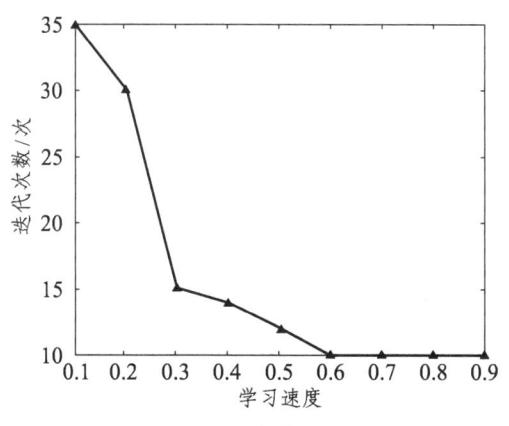

图 6-6　不同学习速度下的系统收敛

第二篇　理论与创新

由图 6-6 可知，学习速度大小会对达到广义用户最优均衡所需的时间产生影响：当 $\rho=0.1$ 时，系统收敛时间较长，$\rho=0.2$ 时次之，而当 $\rho \geqslant 0.3$ 时，不同学习速度下的系统收敛速度差异并不显著，不同学习速度下 56 路客流量的变化，见图 6-7。由图 6-6 和图 6-7 可知，公交系统的相对稳定依赖于个体乘客的出行学习行为，但也并不完全取决于它，最可能的原因在于公交线网布局和规划短期内是很难变动的，即便有变动，一般也只是现有线路的部分延长或者是某些线路的局部微调。

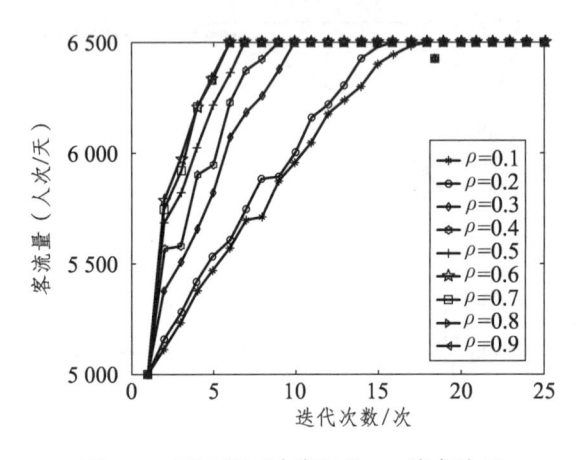

图 6-7　不同学习速度下的 56 路客流量

当系统达到图 6-5 所示的均衡状态时，由于不可控的外界扰动（如大面积道路修建引起 48 路绕行严重等）导致 48 路的车辆行驶时间有所增加，这就使得当前稳定的客流分布发生变化，在最开始的几天内并未产生很大影响，但是随着时间的推移，乘客受出行学习行为影响，慢慢捕捉到该扰动，影响逐步扩大，一段时间后，系统再次达到新的均衡状态，详见图 6-8。

由图 6-5 至图 6-8 可知，受乘客学习行为影响，个体乘客非合作情况下的出行终会达到广义用户均衡状态，只是不同大小的学习速度会影响达到均衡所需的时间。当达到均衡状态后，即便遭遇不可控的干扰，系统在运行一段时间后终将达到新的均衡，说明公交系统具有较好的稳定鲁棒性。关于模拟算例的程序代码，详见附录 3。

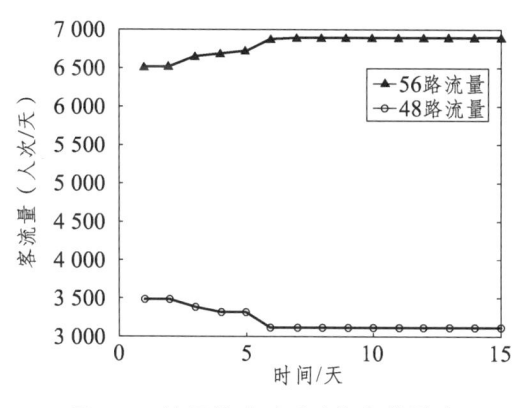

图 6-8　外界扰动对系统均衡的影响

6.4.3　仿真结果与实际流量的对比分析

在 6.4.2 节的仿真模拟实例中，设定两条线路的初始选择比例为 0.5，表示乘客在初始阶段对这两条路径的偏好无明显差异。随着乘客每天早高峰出行，由于各路径阻抗、电子站牌信息显示等属性差异的存在，乘客对每次出行阻抗的认知会随着出行经验的积累和实时信息的获取而不断更新，从而使得他们的路径选择行为呈现较明显的偏好。在上述动态的学习与更新过程中，乘客借鉴以往的出行经验、参考当下的实时信息来预测出行时间，据此调整各自的出行行为，上一节中的模拟仿真即是从研究个体乘客的微观学习心理和行为决策出发，探讨个体行为集聚在宏观上呈现的客流规律。

为了验证本章理论分析的合理性和有效性，同时也为了检验上述基于学习行为的模拟仿真是否能较充分地体现现实生活中的公交出行，下面将其与成都市公交的实际运营数据进行对比分析。把二环路高架修建作为不可控的外界扰动，该事件的发生导致 48 路的车辆行驶时间增加。以此事件为基点，分析 48 路和 56 路这两条线路在此事件发生前后的实际流量变化。以成都市二环路 BRT 高架开建作为时间节点，从成都市公交数据库中提取 48 路和 56 路该时间点前后三周（排除双休日）的早高峰时段刷卡数据，经过统计分析，绘制两条线路的实际流量曲线，详见图 6-9。

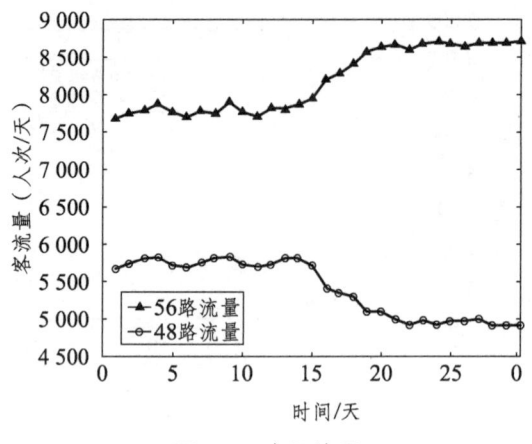

图 6-9 实际流量

由图 6-9 可知，二环高架开建当天，两条线路的客流量并未发生很明显的突变，一方面可能是乘客没有记清二环高架开建的具体时间，尽管各媒体都有报道和通知；另一方面，即便是知晓该事件的发生，在短时间内还是习惯之前的出行偏好，而没有改变出行线路。不管是何原因，实际流量曲线与模拟呈现的结果大致相同：在二环路高架修建之前，这两条线路的流量处于较平稳的状态，当二环高架开始修建，城市居民的出行选择渐渐有所变化：48 路的客流减少，56 路客流增加，出现该现象的很大原因可能在于 48 路和 56 路存在很明显的共线现象，且这两条线路都是运输城市上班族早高峰客流的重要线路，且都经过成都市的商业中心——春熙路和盐市口；一段时间后，这两条线路的客流量逐步稳定，这正是模拟结果中所提到的新的均衡状态。

与此同时，为了和实际流量变化趋势进行对比分析，在模拟算例中 48 路和 56 路两条线路达到均衡状态时的第 15 天，给予 48 路不可控的外界扰动，绘制该过程趋势变化图，见图 6-10。

由图 6-9 和图 6-10 可知，不管是基于实际数据分析，还是模拟算例所得结果，乘客出行的动态学习过程的整体趋势是一致的，尽管在达到均衡时的流量数值上存在差异。因此，本章基于 EWAL 学习模型的公交系统演化理论分析以及后续的模拟仿真实例，从研究微观个体乘客的出行行为出发，探讨公交系统演化的内在机制，能较有效、较充分地重现基于实际数据分析所得的公交客流宏观走向和规律,这在一定程度上验证了本章理论分析的合理性,同时也较充分地说明了本章的模拟算例具有一定的代表性和有效性;更重要的是,本章研究说明了 EWAL 模型为解释公交系统的广义用户最优均衡如何产生提供了一定的理论基础,它对检验乘客的出行决策行为具有较好的解释能力和预测能力。

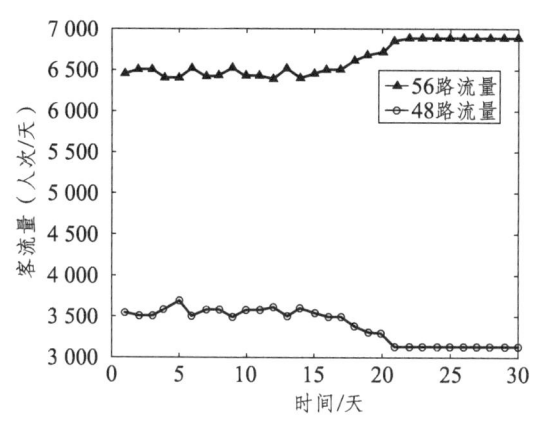

图 6-10　计算模机模拟仿真流量

6.5　结论与建议

6.5.1　结论

不管是基于实际数据分析,还是模拟算例所得结果,都表明:受乘客学习行为影响,个体乘客非合作情况下的出行终会达到广义用户均衡状态,只是不同大小的学习速度会影响达到均衡所需的时间;不同学习速度下的系统收敛速度差异并不是很大,说明公交系统的相对稳定依赖于各乘客的出行学习行为,但也并不完全取决于它;当达到均衡状态后,即便遭遇不可控的干扰,系统在运行一段时间后终将达到新的均衡,说明公交系统具有较好的稳定鲁棒性。

仿真结果与实际流量的对比分析表明,基于 EWAL 学习模型的公交系统演化理论分析以及后续的模拟仿真实例能充分重现基于实际数据分析所得的公交客流宏观走向和规律,这在一定程度上验证了本章理论分析的合理性，同时也充分说明了模拟算例具备一定的代表性和有效性；更重要的是，说明 EWAL 模型为解释公交系统的广义用户最优均衡如何产生提供了一定的理论基础，它对检验乘客的出行决策行为具有较好的解释能力和预测能力。

6.5.2 建议

由上述第一点结论可知：实际数据分析结果和模拟结果均证实了公交系统具有较好的稳定鲁棒性，这就启示我们：以广大市民群众的出行便捷性为出发点，不能想当然地、以拍脑袋的方式认为公交线网、站点的布设一经确定就尽量不要改变，即便是公交发展尚不成熟期的布局规划，交通管理者为了避免市民短时期内的埋怨，而往往选择保持现有较不合理线网、站点等的布局，该规划布局方式远不能适应当前"绿色公交、畅行公交"的发展模式。为了提高公交出行的分担率，从真正意义上优先发展公交，确保缓堵保畅，理应从换乘系数（大城市的换乘系数不应超过 1.5，中小城市不应超过 1.3）、无缝换乘等方面考虑更改现存部分不太合理的公交现网规划，新增线路或改变部分站点的位置，而不仅仅局限于部分线路的走向延长。

由上述第二点结论可知：一方面，若能较准确地估计当前或未来规划年的公交 OD 矩阵，则可将已知或预测得到的 OD 客流量导入本章理论分析模型，掌握现有线网的交通负荷状况，以便采取相应的措施，可为公交车辆的调度和开行方案提供决策参考，同时也可为新线布设提供理论依据；另一方面，理论上掌握城市公交线网的流量分布特点及时空分布规律，可辅助交通管理者更好地指导运营部门合理分配运力，从而根据流量的变化对公共交通系统的线路、数量、走向等方面进行优化。

考虑到群体非合作情况下的出行学习行为，乘客总是尽力寻求个人的出行目标最优，这样一来，往往就不能达到群体目标最优。为了尽量充分合理地利用公交运输能力，节约总体公交出行费用，则可根据本章分析方法更合理地分配存在共线的各公交线路客流。尽管本章仅对 48 路和 56 路这两条线路进行分析，但对于局部网络或全局网络的客流分析思路和方法是一致的。

6.6 本章小结

　　类似于个体交通出行，公交乘客出行同样是一个不断收集路网信息、参考当时出行的实时信息、借鉴以往出行经验进行学习的过程。本章研究了内外部因素共同作用下的学习行为如何促进公交系统动态演化的机理，运用 EWAL 模型对该过程建模，从分析微观个体乘客的路径选择行为机制出发，将乘客的日常择路行为在时间轴上展开，建立了时变交通环境下的动态公交系统，并通过模拟仿真诠释了公交系统的演化趋势，案例分析结果表明：受乘客学习行为影响，个体乘客非合作情况下的出行终会达到广义用户均衡状态，只是不同大小的学习速度会导致均衡产生所需的时间不同；当达到均衡状态后，即便遭遇不可控的干扰，一段时间后，系统终将达到新的均衡，说明公交系统具有较好的稳定鲁棒性。需要特别指出的是，EWAL 模型为解释如何产生均衡提供了一定的理论基础，它对检验乘客的出行决策行为具有较好的解释和预测能力。据此，建议优化公交系统设计、提升乘客学习效率和加强技术支持等，以期为公交系统的优化和可持续发展提供有益参考。

第三篇

实践与探索

第 7 章
国内外城市公交客流分配优化典型案例分析

城市公交客流分配优化是提升城市公共交通系统效率与服务质量的关键环节。在国内外，随着智能交通系统和大数据技术的快速发展，客流分配优化实践日益丰富。本章将通过深入剖析国内外城市公交客流分配优化的典型案例，总结其具体做法与成效，以期为我国城市公交系统的优化升级提供借鉴和参考。特别是在行为分析框架下，本章将提炼实时信息、换乘行为、乘客感知和学习行为等因素对客流分配优化的影响，揭示这些行为因素如何作用于公交客流分配，并推动公交系统的智能化和高效化发展。通过对比分析不同案例的客流分配优化成效，本章将提炼出具有普遍意义的启示，为未来的城市公交客流分配优化提供理论支持和实践指导。

7.1 案例城市客流分配优化的具体做法与成效

7.1.1 案例城市代表性分析

本节在对所选典型案例城市公交发展背景的基础之上，分析其背景与考量因素并评估其代表性，详见表 7-1。这些成功案例的选取和背景介绍有助于更全面了解不同城市在公共交通客流分配优化方面的实践和经验，为其他城市提供有益的借鉴和参考。

第7章 国内外城市公交客流分配优化典型案例分析

表 7-1 案例城市的代表性分析

案例城市	代表性分析
新加坡	作为东南亚的先进城市，新加坡在城市规划和公共交通建设方面具有独到之处，其高效的公交系统备受赞誉，代表了东南亚地区先进的公交客流分配优化实践
美国纽约	纽约作为全球金融中心，其公交系统不仅承载了通勤需求，还承载了大量的旅游客流，其客流分配优化具有特殊性，展现了国际大都市在复杂交通环境下的客流分配优化方法
英国伦敦	伦敦的公交系统历史悠久，其客流分配优化策略在保留传统的同时，也注重创新与技术应用，代表了欧洲传统城市在公交客流分配优化方面的经验与创新
日本东京	东京作为世界上人口最多的城市之一，其公共交通系统承载了巨大的客流压力，其客流分配优化策略具有代表性，反映了亚洲高密度城市在公交客流分配优化方面的挑战与策略
中国香港	香港作为国际大都市，其公交系统的高效运作得益于精细化的客流分配管理，体现了国际大都市在精细化客流分配管理方面的成功实践
中国北京	作为中国的首都，北京在公共交通建设方面取得了显著成就，其客流分配优化策略具有中国特色，展示了中国大型城市在公交客流分配优化方面的探索与成就
中国成都	成都是中国西部的重要城市，其公交客流分配优化策略在促进区域均衡发展方面具有借鉴意义，反映了中国西部地区在公交客流分配优化方面的特色与潜力

7.1.2 案例城市的具体做法与成效

（1）新加坡

① 精准的数据分析。新加坡公交系统基于大量的乘客出行数据，进行深入的客流分析。如乘客的乘车时间、频率、目的地等，帮助公交公司了

解乘客的出行习惯和需求。

②灵活的运营策略。根据数据分析结果,新加坡公交系统实施了灵活的运营策略。例如,增加高峰时段的班次、缩短发车间隔、优化线路走向等,以满足乘客在高峰时段的出行需求。

③智能调度系统。新加坡公交系统引入了智能调度系统,通过实时监测公交车的客流情况和道路状况,动态调整车辆运行计划,确保公交服务的高效运行。

④差异化票价策略。为了鼓励乘客在非高峰时段乘车,新加坡公交系统实施了票价差异化策略。例如,在高峰时段提高票价,而在非高峰时段降低票价,以此引导乘客错峰出行。

⑤合作与协同。新加坡公交系统积极与其他交通方式合作,如地铁、出租车等,共同提供一体化的公共交通服务。此外,还与社区、学校、企业等合作,提供定制化的公交服务,满足特定群体的出行需求。

(2)纽约

纽约市以其庞大的公交网络和多元化的客流分配策略而闻名。其成功实践得益于以下举措。

①采用先进的公交调度系统,纽约市公交系统引入了自动车辆监控(AVL)系统,实时追踪公交车位置,动态调整车辆间隔,确保高峰时段乘客的及时疏散。

②实施多模式交通一体化,通过地铁、公交、出租车等多种交通方式的协调配合,实现乘客在不同交通方式间的无缝换乘,提高客流分配效率。

③推广公交优先措施,包括公交专用道、信号灯优先等,减少公交车在途时间,提升公交吸引力。

(3)伦敦

伦敦市在公交客流分配优化方面取得了显著成效,主要措施包括以下几个方面。

①采用Oyster卡系统,通过电子支付方式,鼓励乘客使用公交系统,同时收集大量客流数据,为客流分配优化提供数据支持。

② 实施公交网络重构措施,针对城市发展方向和人口分布变化,不断调整公交线路和站点,提高公交服务的覆盖率和便利性。

③ 开展公共交通出行宣传与教育,通过媒体宣传、社区活动等方式,提高公众对公共交通的认知度和接受度,促进客流分配的合理性。

(4) 东京

东京都市圈以其高效、便捷的公共交通系统而著称,其客流分配优化策略包括:

① 构建一体化的区域公交网络,通过地铁、铁路、公交等多种交通方式的紧密配合,实现都市圈内各城市间的快速连接,提高客流分配的均衡性。

② 推广智能化公交系统,采用 GPS、大数据等技术手段,实时监测客流变化,动态调整公交班次和线路,满足乘客的出行需求。

③ 实施公交票价优惠政策,通过设置换乘优惠、里程优惠等措施,降低乘客的出行成本,吸引更多乘客选择公交出行。

(5) 香港

香港的公共交通客流分配优化成效显著,主要举措包括:

① 通过智能化交通管理系统实时监控和分析客流数据,动态调整公交、地铁等交通工具的班次和路线,有效缓解了高峰时段的拥堵问题。

② 推广使用电子支付系统如八达通卡,不仅提高了乘车效率,还为数据分析提供了支持。

③ 香港政府还通过建设多模式换乘枢纽,实现不同交通方式间的无缝对接,提升了整体运输网络的灵活性和便捷性。

这些措施使得香港公共交通系统的客流量更加均衡,乘客出行体验得到明显改善,同时也减少了城市交通压力。

(6) 北京

北京市作为首都,其公交系统在客流分配优化方面也取得了显著成果。主要措施包括:

① 优化公交线路布局,根据城市发展规划和人口分布变化,不断调整公交线路和站点,提高公交服务的覆盖率和便利性。

②实施公交票价优惠政策，通过设置换乘优惠、里程优惠等措施，降低乘客的出行成本，吸引更多乘客选择公交出行。

③推广绿色出行理念，通过媒体宣传、社区活动等方式，倡导市民采用公共交通等绿色出行方式，减少交通拥堵和污染排放。

（7）成都

成都市作为西部地区的重要城市，近年来在公交客流分配优化方面也取得了显著成效。主要做法包括：

①加强公交基础设施建设，成都市不断加大对公交基础设施的投入，建设了多条地铁线路和公交线路，提高了公交系统的覆盖率和便利性。同时，优化公交站点布局，提升乘客的出行体验。

②实施公交优先策略，成都市通过设置公交专用道、优化信号灯配时等措施，减少公交车在途时间，提高公交系统的运行效率。此外，还推广了公交电子站牌，为乘客提供实时公交到站信息，提高了乘客的出行便利性。

③推广智能化公交系统，成都市引入了智能调度、GPS定位、移动支付等技术手段，提升了公交服务的便捷性和效率。通过智能化管理，可以实时监测客流变化，动态调整公交班次和线路，满足乘客的出行需求。

④开展多元化出行服务，成都市不仅提供传统的公交服务，还推出了定制公交、共享单车等多元化出行方式，满足不同乘客的出行需求。同时，加强与其他交通方式的协调配合，实现乘客在不同交通方式间的无缝换乘。

⑤加强宣传与教育，成都市通过媒体宣传、社区活动等方式，倡导市民采用公共交通等绿色出行方式，提高公众对公共交通的认知度和接受度。同时，加强对乘客的文明乘车教育，提升乘客的出行素质。

国内外先进城市的公交客流分配优化实践表明，通过构建多层次的公交网络、实施公交优先战略、推广智能化公交系统、优化公交线路布局、实施公交票价优惠政策、实施多模式交通一体化、开展公共交通宣传与教育、推广绿色出行理念以及引入大数据分析技术等手段，可以有效提高公交系统的运营效率和服务水平，实现客流的合理分配和优化配置，这些经验对于我国各超大特大城市公交客流分配优化具有重要的借鉴意义。

第 7 章 国内外城市公交客流分配优化典型案例分析

7.2 基于行为分析的城市公交客流分配优化案例提炼

本节立足行为视角,选取国内外在公交客流分配优化方面取得显著成效的典型案例进行详细分析。

7.2.1 实时信息:透视乘客决策的"千里眼"

新加坡通过建设先进的公交信息系统,实现了实时公交到站时间查询和乘车计划优化。乘客可根据实时信息合理安排出行时间,减少等待时间,提高公交出行效率。此外,新加坡还采用了数据分析技术,对公交客流进行精准预测和调度,有效缓解高峰时段的客流压力。

北京市通过推广公交 APP,提供实时公交到站信息、乘车方案和换乘建议等功能,提升了乘客出行体验。同时,北京市还结合公交线网优化,调整公交线路和班次,提高了公交系统的覆盖率和便利性。此外,北京市还积极探索公交与地铁、出租车等其他交通方式的协同优化,提高了城市交通整体效率。

成都公交通过引入先进的信息化技术,实现了公交车辆实时位置、预计到站时间等信息的实时发布。这一举措对客流分配优化产生了积极的影响。首先,实时信息的发布减少了乘客的等待时间和不确定性,提高了乘客的出行效率。乘客可以根据实时信息合理规划出行时间,避免在高峰期或拥堵路段等待公交,从而减少了不必要的出行时间和成本。其次,实时信息还有助于乘客更好地了解公交系统的运行状况,提高了乘客对公交系统的信任度和满意度。这种信任度和满意度的提升有助于吸引更多的乘客选择公交出行,进一步促进了公交客流分配的优化。

7.2.2 换乘行为:客流分配的"隐形指挥家"

纽约市公交系统通过优化换乘站点设计,减少了换乘步行距离和时间,提高了乘客换乘的便利性。同时,纽约市还通过大数据分析,对换乘高峰时段进行了优化调整，有效缓解了换乘压力。此外，纽约市还积极推广公交+步行、公交+自行车等多元化出行方式，提高了公交系统的吸引力。

东京都市圈通过精细化的线路规划和站点设置，实现了高效的换乘服务。这一换乘行为优化策略对客流分配产生了显著的影响。首先，人性化的换乘站点设计减少了乘客的换乘时间和步行距离，提高了换乘效率。清晰的标识和明确的指示使得乘客能够快速找到正确的换乘线路和站点，减少了因迷路或误乘而产生的额外时间和成本。其次，优化的换乘优惠政策鼓励了乘客选择公共交通出行。通过提供换乘折扣或免费换乘等服务，政府引导乘客更多地使用公交系统，从而实现了客流的有效分配和疏导。这种换乘行为优化策略不仅提高了公交系统的运行效率，还有助于减少城市交通拥堵和排放污染物，推动了城市交通的可持续发展。

7.2.3 乘客感知：优化客流的"隐形推手"

上海市重视乘客对公交服务的感知体验，通过问卷调查和数据分析，深入了解乘客需求和满意度。根据乘客反馈，上海市不断优化公交服务，提升乘客满意度和忠诚度。例如，上海市在部分公交线路上引入了低地板公交车，方便老年人和残障人士上下车；同时，还通过改善车内环境、提升驾驶员服务质量等措施，提高了乘客对公交服务的整体评价。

伦敦双层公交车以其宽敞舒适的车内空间和独特的观光体验受到乘客的喜爱。这种车型设计对乘客感知产生了积极的影响，进而促进了客流分配的优化。首先，宽敞舒适的车内空间提高了乘客的舒适度。乘客在乘坐双层公交车时能够享受到更加宽敞的空间和更好的通风环境，减少了因拥挤或不适而产生的负面情绪。其次，观光体验增加了乘客的满意度和对公交车的吸引力。伦敦双层公交车通常运行在市中心或著名景点附近，乘客在乘车的同时可以欣赏到城市的美景和风光。这种独特的观光体验使得乘客更加愿意选择公交出行，从而增加了公交系统的客流量和市场份额。此外，伦敦双层公交车还通过提供优质的服务和设施，如免费 Wi-Fi、多媒体娱乐系统等，进一步提升了乘客的感知和满意度。这种以乘客感知为中心的设计理念使得伦敦公交系统更加适应乘客的需求和期望,实现了客流分配的优化和升级。

7.2.4 学习行为:公交系统的"智能引擎"

新加坡政府通过与高校和研究机构合作,深入开展乘客出行行为和学习行为的研究。这种基于学习行为的客流分配优化方法在新加坡的公交系统中得到了广泛的应用。首先,通过对乘客出行数据的分析和学习,政府能够更准确地预测未来客流分布趋势。这些数据包括乘客的出行时间、频率、起止点等信息,通过挖掘和分析这些数据,政府可以发现乘客的出行规律和偏好,从而提前规划公交线路和站点设置,以满足乘客的出行需求。其次,学习行为还有助于公交系统应对突发事件和异常情况。例如,当某条线路发生故障或拥堵时,公交系统可以根据乘客的学习行为和出行习惯,快速调整运行计划和路线,以确保乘客能够顺畅地到达目的地。这种基于学习行为的客流分配优化方法使得新加坡的公交系统更加灵活和高效,能够适应未来城市发展的需求和挑战。

7.3 案例对比分析与启示

7.3.1 不同案例客流分配优化成效对比

(1)案例成效对比分析

① 运用智能化技术提升公交服务效率与乘客体验。新加坡和东京都重视信息技术的运用,通过大数据分析和智能化调度系统优化公共交通服务。而伦敦和香港则更侧重于通过传统的管理和服务手段来提升公共交通的吸引力。

② 乘客的积极反馈助力公交服务持续优化。伦敦和香港在优化客流分配过程中,都注重与乘客的沟通和互动,鼓励乘客参与公共交通服务的改进。相比之下,新加坡和东京在这方面的做法相对较少。

③ 政策引导为公交系统优先发展指明方向。香港通过限行、限购等政

策手段引导市民选择公共交通出行，效果显著。而新加坡、东京和伦敦则更多地依赖于技术创新和服务质量提升来实现这一目标。

（2）经验教训总结

① 技术创新是关键。无论是新加坡的信息化平台建设，还是东京的智能化调度系统，都表明技术创新在优化公共交通客流分配中发挥着关键作用。因此，其他城市在推进客流分配优化时，应加大对技术创新的投入和应用。

② 乘客参与不容忽视。伦敦和香港的经验表明，与乘客保持沟通和互动，鼓励乘客参与公共交通服务的改进，是提高公共交通吸引力和乘客满意度的重要途径。其他城市在优化客流分配时，应充分考虑乘客的需求和反馈。

③ 政策引导与技术创新相结合。香港通过政策引导和技术创新相结合的方式成功实现了公共交通客流分配的优化。这启示我们，在政策制定和实施过程中，应充分考虑技术创新的作用，将二者有机结合，以更好地推动公共交通的发展。

④ 持续投入与改进。这些成功案例的共同点之一是城市政府对公共交通的持续投入和改进。因此，其他城市在推进公共交通客流分配优化时，应保持对公共交通的长期关注和投入，不断完善公交网络，优化服务质量和提高公交系统的运行效率。

7.3.2 基于行为分析的客流分配案例启示

通过对国内外城市公交客流分配优化案例的分析，可以得出以下结论和启示：

（1）实时信息是公交客流分配优化的关键。通过提供准确的实时信息，可以帮助乘客更好地规划出行路线和时间，提高公交出行效率。同时，实时信息也有助于公交企业精准预测和调度客流，优化运力配置。

（2）优化换乘行为对于提升公交系统吸引力至关重要。通过减少换乘步行距离和时间、优化换乘站点设计等措施，可以提高乘客换乘的便利性，

第 7 章　国内外城市公交客流分配优化典型案例分析

增加公交系统的吸引力。此外，通过大数据分析对换乘高峰时段进行优化调整，也可以有效缓解换乘压力。

（3）关注乘客感知和学习行为有助于公交系统持续改进和优化。通过深入了解乘客需求和满意度、收集乘客反馈等措施，可以发现公交服务中存在的问题和不足，为改进和优化公交服务提供依据。同时，通过学习行为分析，可以了解乘客的出行习惯和偏好，为公交客流分配优化提供有力支持。

（4）综合运用多种手段（包括技术手段）是提高公交客流分配优化效果的重要途径。通过结合实时信息、换乘行为、乘客感知和学习行为等多个行为视角进行分析和评价，可以更加全面地了解公交客流分配优化的需求和挑战。同时，综合运用技术手段（如数据分析、智能调度、线网优化等）进行改进和优化，可以更加有效地提升公交系统的整体效率和竞争力。

通过对国内外典型案例的分析，可以看到实时信息、换乘行为、乘客感知和学习行为等行为视角在公交客流分配优化中的重要作用。实时信息减少了公交的不确定性和乘客的等待时间，提高了出行效率；换乘行为的优化减少了换乘时间和步行距离，提高了换乘效率；乘客感知的提升增加了乘客的满意度和公交的吸引力，促进了客流分配的优化；而学习行为则使得公交系统更加灵活和高效，能够适应未来城市发展的需求。随着城市交通的快速发展和技术的不断进步，公交客流分配优化将面临新的挑战和机遇。未来，需要持续关注乘客行为变化和技术发展趋势，加强国际合作与交流，学习借鉴先进经验和技术手段，不断创新和优化公交服务，以满足乘客的多样化需求和提高公交系统的整体竞争力。同时，也需要推动城市公交客流分配优化水平的不断提升。

7.4　本章小结

通过对国内外城市公交客流分配优化的典型案例的深入分析，本章总结了这些案例的具体做法与成效，特别是在行为分析框架下，提炼了实时信息、换乘行为、乘客感知和学习行为等因素对客流分配优化的重要作用。案例对比分析显示，成功的客流分配优化实践往往能够综合考虑多种行为因素的影响，实现公交系统的智能化和高效化。本章的启示在于，未来的城市公交客流分配优化应更加注重行为分析的应用，充分利用大数据和智能技术，提高公交系统的响应速度和服务质量，以满足日益增长的城市出行需求。同时，应关注不同城市之间的差异性，因地制宜地制定客流分配优化策略，推动城市公共交通系统的可持续发展。

第 8 章

基于行为视角的城市公交客流分配优化策略

城市公交客流分配优化策略是提升城市公共交通效率和服务质量的核心议题。随着城市规模的不断扩大和居民出行需求的日益增长，如何基于行为视角制定有效的客流分配优化策略，成为当前城市公共交通领域亟待解决的问题。本章将首先探讨城市公共交通客流分配优化策略制定的原则与框架，明确策略制定的基本方向。在此基础上，进一步从行为视角出发，分析城市公交客流分配的具体优化策略，包括深入理解和分析城市公交需求、基于实时信息的客流动态管理、提升换乘便捷性、强化乘客感知的服务质量提升以及促进乘客学习行为的培训与教育等方面。此外，针对超大特大城市在新发展阶段面临的公共交通挑战，本章还将深入探讨公共交通优先发展的对策，包括其必要性和紧迫性、发展成效及现状、面临的困境和形势、对关键问题的反思和讨论以及具体的优先发展对策。

8.1 城市公交客流分配优化策略制定的原则与框架

在制定公交客流分配优化策略时，应遵循以乘客为导向、效率优先、可持续发展和数据驱动的原则。基于这些原则构建包括乘客行为分析、客流分配原则、方法和技术在内的优化策略框架。通过综合运用定性和定量的分析方法，为公交客流分配优化提供全面的策略指导。

8.1.1 策略制定原则

超大特大城市公交客流分配策略的制定是一个复杂而重要的过程，它要求在满足乘客需求的同时，也要考虑系统的整体效率、公平性和可持续性。在制定客流分配优化策略时，需要遵循以下原则，为制定客流分配优化策略提供明确的指导和方向。

(1) 乘客需求导向原则

乘客是公交服务的最终接受者，他们的需求是策略制定的核心，这就意味着需要深入了解乘客的出行习惯、偏好和需求，将这些信息整合到策略制定中，确保策略能够满足乘客的实际需求。例如，通过调查问卷、数据分析等方式了解乘客对于公交线路、班次、票价等方面的需求，从而制定更符合乘客期望的客流分配策略。

(2) 系统效率最大化原则

公交系统的效率直接关系到乘客的出行体验和城市的交通状况。因此，在制定客流分配策略时，需要考虑如何最大化公交系统的效率。这包括提高公交车辆的运行速度、减少乘客的等待时间、优化公交线路和班次等。通过合理的客流分配，可以确保公交资源得到最有效的利用，从而提高公交系统的整体效率。

(3) 可持续发展原则

公共交通是城市可持续发展的重要组成部分。在制定客流分配策略时，需要考虑如何促进公共交通的可持续发展。这包括减少公交运营对环境的影响、提高公交服务的可靠性和稳定性、推动公共交通与其他交通方式的协调发展等。通过制定可持续的客流分配策略，可以为城市的长期发展做出贡献。

(4) 公平性与可达性原则

公平性和可达性是评价公交服务质量的重要指标。在制定客流分配策略时，需要确保所有乘客都能够享受到公平且可达的公交服务，这就需要关注那些交通不便的区域和出行不便、出行需求大的人群，确保他们能够获得足够的公交资源。同时，还需要关注不同社会经济群体之间的公平性问题，确保他们都能够享受到高质量的公交服务。

8.1.2 策略制定框架

制定客流分配优化策略是一个系统性过程，须综合考虑多个因素和多类数据。为确保策略的有效性和可操作性，本节构建客流分配优化策略框架，为制定和实施客流分配优化策略提供清晰的路径和指导，本书前面章节的分析就是遵循这个框架进行研究的，主要包括以下几个步骤：

（1）数据收集与需求分析

制定客流分配优化策略的首要步骤是收集相关数据并进行详细的需求分析，如乘客的出行数据、公交线路和班次数据、城市交通规划数据等。通过对这些数据的具体分析，可以深入了解乘客的出行需求、公交系统的运行状况以及城市交通的发展趋势，将为后续的策略制定提供有效支撑。

（2）行为模型构建与验证

乘客的出行行为是影响客流分配的关键因素之一。为了更准确地预测和优化客流分配，需要构建乘客的出行行为模型。这包括分析乘客的出行时间、目的地选择、换乘行为等方面的规律，建立相应的数学模型，同时，还需要对模型进行验证和校准，确保其能够准确反映乘客的实际出行行为。通过行为模型的构建和验证，为后续的策略制定提供科学的依据和支持。

（3）策略制定与仿真模拟

在了解乘客的出行需求和公交系统的运行状况后，就可以开始制定客流分配优化策略，如调整公交线路和班次、优化票价策略、提高公交服务质量等方面的实施举措。为确保策略的有效性和可行性，需要利用仿真模拟技术对策略进行模拟和评估。通过仿真模拟，来预测策略实施后的客流分配情况、公交系统的运行效率以及乘客的出行体验等方面的变化，从而为策略的调整和优化提供重要的参考依据。

（4）策略实施与效果评估

最后一步是将制定好的客流分配优化策略付诸实践，并对其进行效果评估。这包括将策略付诸实施、收集实际运行数据、分析策略实施后的效果等方面的工作。通过对策略实施后的效果进行评估和分析，可以了解策略的实际效果是否达到了预期的目标，从而及时调整和优化策略。同时，还需要关注策略实施过程中可能出现的问题和挑战，制定相应的应对措施和解决方案。

8.2 行为视角下城市公交客流分配优化的具体策略

8.2.1 深入理解和分析城市公交需求

深入理解和分析城市公交需求是公共交通规划和管理中的关键环节。这不仅有助于优化公交系统，提高服务效率，还能更好地满足市民的出行需求，促进城市的可持续发展。

（1）要关注城市公交需求的增长趋势。随着城市化进程的推进和人口规模的不断扩大，公交需求呈现出持续增长的趋势。这种增长不仅体现在出行次数的增加，还体现在对服务质量、覆盖范围、运营效率等方面的更高要求。

（2）要分析公交需求的时空分布特征。不同区域、不同时段的公交需求存在明显的差异。例如，商业区、学校周边、居民区等区域的公交需求较为集中，而早晚高峰时段的公交需求则明显高于其他时段。因此，需要根据这些特征来合理规划公交线路和运营时间，以满足市民的出行需求。

（3）要关注公交需求的多样性和个性化特点。市民的出行需求因人而异，包括出行目的、出行时间、出行距离、出行费用等多个方面。因此，公交系统需要提供多样化的服务模式和个性化的服务方案，以满足不同市民的需求。

（4）还需要考虑公交需求与其他交通方式的竞争关系。随着私家车数量的增加和共享出行等新兴交通方式的兴起，公交系统面临着越来越大的

第 8 章 基于行为视角的城市公交客流分配优化策略

竞争压力。为了吸引和留住乘客，公交系统需要不断提高服务质量和效率，与其他交通方式形成互补优势。

（5）要关注公交需求与城市规划、土地利用等方面的相互影响。城市规划、土地利用等因素会对公交需求产生重要影响，而公交系统的发展也会对城市规划和土地利用产生反作用。因此，需要加强公交需求与城市规划、土地利用等方面的协调配合，实现城市交通的可持续发展。

8.2.2 基于实时信息的客流动态管理

随着信息技术的快速发展，实时信息在公交客流分配中扮演着越来越重要的角色。通过构建高效的实时信息发布平台，乘客可以获取最新的公交到站时间、车厢拥挤程度等信息，从而做出更加合理的出行选择。

首先，建立一个全面覆盖的实时信息发布系统。为了实现基于实时信息的客流动态管理，首先需要建立一个全面覆盖的实时信息发布系统。这包括在公交站点、移动应用、社交媒体等多个渠道发布信息，确保乘客能够方便快捷地获取所需数据。

其次，利用大数据技术对客流数据进行预测和分析。通过对历史数据的挖掘和处理，可以预测不同时间、不同地点的客流需求变化，为公交调度提供有力支持。同时，实时分析客流数据还可以帮助管理者及时发现异常情况，如某一路段突然出现的客流高峰，从而及时调整运力资源，满足乘客的出行需求。

再次，实施动态调度与线路优化策略。根据实时客流数据和预测结果，动态调整公交车辆的班次和线路，确保运力资源的合理分配。例如，在高峰时段增加班次、调整线路走向等，以最大限度地提高公交系统的运营效率和服务质量。

8.2.3 提升换乘便捷性的具体措施

换乘便捷性是影响乘客出行体验的关键因素之一。为了提升换乘便捷性，可以从以下几个方面着手：

（1）优化换乘站点布局与标识系统。通过合理规划换乘站点的位置和数量，减少乘客的换乘距离和时间。同时，设置清晰醒目的标识和指示牌，帮助乘客快速找到正确的换乘线路和方向。

（2）提供换乘路径推荐服务。利用先进的导航技术和算法，为乘客规划最优的换乘路径，减少换乘次数和步行距离。这可以通过手机应用、公交站台显示屏等方式向乘客提供个性化的出行建议。

（3）实施换乘优惠与激励机制。通过给予换乘乘客一定的票价优惠或积分奖励，鼓励更多乘客选择公共交通出行。这不仅可以提高公共交通的吸引力，还有助于促进城市交通的可持续发展。

8.2.4 强化乘客感知的服务质量提升

乘客感知是评价公交服务质量的重要指标之一。为了提升乘客感知的服务质量，可以从以下几个方面入手：

（1）定期开展乘客满意度调查与实施乘客反馈机制。通过问卷调查、在线评价等方式收集乘客对公交服务的意见和建议，了解乘客的需求和期望。同时，建立反馈机制，对乘客的投诉和建议进行及时响应和处理。

（2）针对性改进公交车辆设施与服务。根据乘客的反馈和需求，对公交车辆设施进行改进和升级，如提升座椅舒适度、增加空调设备等。同时，加强公交司机的培训和管理，提高服务水平和文明驾驶意识。

（3）实施定期评估与持续改进策略。通过定期评估公交服务质量和乘客满意度，及时发现问题和不足，并制订改进措施。同时，建立长效机制，持续跟进和改进公交服务质量，确保乘客的出行体验不断提升。

8.2.5 促进乘客学习行为的培训与教育

乘客的出行学习行为对公交系统的演化具有显著影响。乘客通过不断试错和调整出行策略，学习并选择更加高效、便捷的公交服务。这种学习行为促使公交系统不断适应和变化，以更好地满足乘客的需求。公交系统通过收集和分析乘客的出行数据，了解乘客的学习行为模式和偏好，从而

第8章 基于行为视角的城市公交客流分配优化策略

优化服务策略、提升服务效率。乘客的学习行为推动公交系统向更加智能化、个性化的方向发展，实现客流分配的高效和均衡。这种相互影响和演化的过程，使得公交系统更加灵活、更具自适应性，能够更好地适应城市发展和乘客需求的变化。为吸引更多市民选择公交出行，可以从以下几个方面入手：

（1）基于乘客学习行为的智能调度。在公交系统中引入智能调度系统，能够实时收集并分析乘客的出行数据，包括出行时间、目的地、路线选择等。这些数据反映了乘客的学习行为，即他们如何根据过去的经验和环境调整出行决策。智能调度系统通过学习这些行为模式，能够预测未来的客流需求，并据此优化公交班次和线路。这不仅提高了公交服务的效率和可靠性，也确保了乘客的需求得到满足，从而实现了客流分配的优化。

（2）强化乘客反馈机制。公交系统应建立一个有效的乘客反馈机制，鼓励乘客提供对服务质量的意见和建议。这些反馈是宝贵的资源，因为它们直接反映了乘客的需求和期望。通过收集并分析这些反馈，公交系统可以了解乘客的学习行为，即他们如何评估和调整自己的出行选择。基于这些信息，公交系统可以调整服务策略，以更好地满足乘客的需求，进而优化客流分配。

（3）动态调整客流分配方案。公交系统应根据学习行为的分析结果，动态调整客流分配方案。这意味着公交系统需要实时监测客流数据，了解乘客的出行模式和偏好。当发现某个区域的客流量超过或低于预期时，公交系统可以迅速调整班次和线路，以满足或平衡客流需求。这种动态调整的能力使得公交系统更加灵活和响应迅速，从而能够更有效地分配客流。

（4）提升公交系统智能化水平。提升公交系统的智能化水平是实现客流分配优化的关键。通过使用大数据、人工智能等先进技术，公交系统可以更加深入地学习乘客的行为模式和偏好。这些技术可以帮助公交系统更准确地预测客流需求，并据此制定更加科学和高效的客流分配方案。同时，智能化水平的提升也使得公交系统更加自适应和可持续，能够不断学习和改进自己的服务策略，以更好地满足乘客的需求。

为确保以上策略的有效实施，需要建立相应的保障机制，如完善公交系统的硬件设施、提升员工素质和服务意识、加强乘客教育引导等。同时，还需要建立科学的评估体系，对优化策略的实施效果进行定期评估和调整。通过收集和分析乘客的出行数据、满意度调查等信息，评估优化策略的实际效果，及时发现问题并进行改进。此外，还可以与其他城市或地区的公交系统进行交流和合作，共享经验和数据资源，共同推动公交客流分配优化的发展。

8.3 新发展阶段超大特大城市公共交通优先发展对策

随着城市化进程的加速，超大特大城市面临着日益严重的交通拥堵、环境污染和资源紧张等问题。公共交通作为城市基础设施的重要组成部分，其优先发展对于缓解交通压力、提升城市品质、促进可持续发展具有重要意义。新发展阶段要求超大特大城市公共交通不仅要满足基本出行需求，还要在节能减排、智能化、多元化等方面实现突破。具体而言，公共交通需要更加高效、便捷、舒适，同时也要具备更强的应对能力和韧性，以应对突发事件和极端天气等挑战。本节立足新发展阶段，探讨超大特大城市公共交通优先发展的必要性和紧迫性、现状及成效、困境和形势，并针对性提出相应对策。

8.3.1 超大特大城市公共交通优先发展的必要性和紧迫性

超大特大城市由于其人口密集、经济发达等显著特点，交通问题尤为突出。例如，道路拥堵现象普遍，高峰时段交通压力巨大；私家车数量快速增长，导致空气污染和能源消耗加剧；城市空间布局不合理，加剧了交通拥堵和出行不便。这一系列问题严重制约了超大特大城市的可持续发展。

（1）超大特大城市公共交通优先发展的必要性

①缓解交通拥堵：公共交通以其大运力、高效率的特点，能够有效分担私家车的出行量，从而降低道路拥堵程度。通过优化公共交通线路、提高服务质量等措施，可以吸引更多乘客选择公共交通出行，从而缓解交通压力。

第8章　基于行为视角的城市公交客流分配优化策略

②提高出行效率：公共交通系统通过合理规划线路、提高发车频率等手段，可以缩短乘客的出行时间，提高出行效率。这对于超大特大城市中的居民来说尤为重要，有助于提升他们的生活质量和幸福感。

③促进可持续发展：私家车的大量使用是空气污染和能源消耗的主要原因之一。通过优先发展公共交通，可以减少私家车的使用频率，从而降低空气污染和能源消耗，促进城市的可持续发展。

（2）超大特大城市公共交通优先发展的紧迫性

①应对人口增长与迁移：随着人口向超大特大城市集中，交通需求将持续增长。为了满足不断增长的交通需求，必须加快发展公共交通，尤其是推进公共交通优先策略。

②控制汽车保有量增长：随着汽车保有量的不断提高，私家车数量将持续增加。如果不及时采取公交优先措施，交通拥堵和环境污染问题将进一步加剧。

③优化城市空间布局优化：公共交通优先发展有助于优化城市空间布局，提高土地利用效率。通过合理规划公共交通线路和站点，可以促进城市不同区域之间的均衡发展，减少出行距离和时间。

④提高城市应急响应能力：在突发事件或紧急情况下，公共交通系统可以快速、有效地疏散人群，提高城市的应急响应能力。

通过优先发展公共交通，可以有效缓解交通拥堵、提高出行效率、促进可持续发展。为了实现这些目标，政府应制定相应的政策和措施支持公共交通的发展，并加强技术创新和公众教育工作。只有这样，才能推动超大特大城市交通问题的有效解决和城市的可持续发展。

8.3.2　超大特大城市公共交通发展现状及成效

近年来，我国超大特大城市在公共交通建设方面取得了显著成效。地铁、轻轨等轨道交通网络不断完善，公交线路覆盖更广，服务质量不断提升。同时，公共交通智能化水平也在不断提高，乘客出行体验得到显著改善。然而，与发达国家相比，我国超大特大城市公共交通在智能化、多元化等方面仍有较大提升空间。

（1）超大特大城市公共交通发展现状

① 运营里程的扩张：随着城市规模的不断扩大，超大特大城市的公共交通运营里程也在持续增长。例如，上海、北京和广州等城市的轨道交通线路长度均有了显著增加，为市民提供了更广泛的出行选择。

② 线路和站点的增加：为满足日益增长的出行需求，这些城市不仅增加了公共交通线路，还增设了更多的公交站点和地铁站点，提高了公共交通的覆盖率和便利性。

③ 技术创新的运用：许多超大特大城市开始引入智能化、信息化技术，如智能调度系统、电子支付等，以提升公共交通的服务质量和效率。

（2）超大特大城市公共交通发展成效

① 出行效率的提升：随着公共交通的不断发展，市民的出行效率得到了显著提高。公交和地铁等公共交通工具的准时率和舒适度都得到了提升，吸引了更多市民选择公共交通出行。

② 交通拥堵的缓解：公共交通的优先发展有效分担了私家车出行量，缓解了城市交通拥堵问题。特别是在高峰时段，公共交通的运力优势更加明显。

③ 环境质量的提高：随着私家车使用频率的降低，空气污染和能源消耗问题得到了一定程度的缓解，为城市的可持续发展创造了有利条件。

④ 社会经济效益的增强：公共交通的优先发展不仅提高了市民的出行效率和生活质量，还促进了城市的经济社会发展。公共交通的发展也为城市创造了更多的就业机会和经济效益。

8.3.3 超大特大城市公共交通发展面临的困境和形势

随着全球城市化进程的加速，超大特大城市正面临前所未有的公共交通挑战与机遇。这些城市不仅承载着巨大的交通需求，还面临着交通拥堵、

第8章 基于行为视角的城市公交客流分配优化策略

环境污染、基础设施短缺等多重问题。公共交通作为解决这些问题的关键，其发展正面临诸多困境和复杂形势。

（1）超大特大城市公共交通面临的困境

① 基础设施短缺：随着城市规模的扩大和人口的增长，公共交通基础设施如轨道交通、公交站点等短缺问题日益突出。这导致公共交通的覆盖率和便利性受到限制，难以满足市民的出行需求。

② 资金压力巨大：公共交通的建设和运营需要大量的资金投入，而政府财政压力较大，难以承担全部费用。此外，公共交通企业的经济效益不佳，缺乏自我"造血"能力，使得资金筹措变得更加困难。

③ 交通拥堵问题严重：随着私家车数量的增加，城市交通拥堵问题日益严重。这不仅影响了公共交通的运营效率，也降低了市民的出行体验。

④ 服务质量参差不齐：部分城市的公共交通服务质量存在问题，如车辆老旧、班次不准时、站点环境差等。这些问题影响了市民对公共交通的信任度和使用意愿。

（2）超大特大城市公共交通面临的形势

① 技术创新的推动：随着智能化、信息化技术的发展，公共交通领域正迎来技术创新的热潮。如智能调度系统、电子支付、自动驾驶等技术的应用，有望提升公共交通的服务质量和效率。

② 绿色出行理念的普及：随着环保意识的提高，绿色出行理念逐渐深入人心。公共交通作为一种低碳、环保的出行方式，正受到越来越多市民的青睐。

③ 多元化出行需求的挑战：随着城市功能的不断完善和市民生活水平的提高，多元化出行需求日益凸显。公共交通需要不断创新服务模式，满足市民多样化的出行需求。

④ 区域一体化发展的要求：在区域一体化发展的大背景下，超大特大城市需要与周边城市协同发展，实现公共交通的互联互通。这要求公共交通在规划、建设、运营等方面加强合作，提升区域整体交通水平。

超大特大城市公共交通发展面临的困境和形势复杂多变，需要政府、企业和社会各方共同努力，加强合作，推动公共交通的持续发展。通过加大资金投入、优化服务质量、推动技术创新、满足多元化需求等措施，有望为超大特大城市公共交通的发展注入新的活力，为城市的可持续发展提供有力支撑。

8.3.4 对超大特大城市公共交通优先发展关键问题的反思和讨论

超大特大城市作为人口和经济的聚集地，公共交通的优先发展对于缓解交通拥堵、提高出行效率、促进城市可持续发展具有重要意义。然而，在实际发展过程中，公共交通优先战略面临着诸多关键问题的挑战。

（1）超大特大城市公共交通优先发展的关键问题

① 政策支持和投入不足：公共交通优先发展需要政府强有力的政策支持和资金投入。然而，在实际操作中，政府往往面临财政压力，难以提供足够的资金支持，导致公共交通建设滞后、运营效率低下。

② 规划与建设的不合理：部分超大特大城市在公共交通规划和建设方面存在不合理之处，如线路布局不合理、站点设置不科学等。这些问题影响了公共交通的可达性和便利性，降低了市民的出行体验。

③ 服务质量和服务水平不高：公共交通的服务质量和服务水平直接关系到市民的出行满意度。然而，部分超大特大城市的公共交通存在车辆老旧、班次不准时、站点环境差等问题，影响了市民的出行体验和信任度。

④ 缺乏与其他交通方式的协调：超大特大城市通常存在多种交通方式并存的情况，如私家车、出租车、共享单车等。公共交通优先发展需要与其他交通方式进行协调，形成高效、便捷的交通网络。然而，目前部分城市在交通协调方面存在不足，导致公共交通的优势难以充分发挥。

（2）针对超大特大城市公共交通优先发展关键问题的解决方案

① 加大政策支持和投入力度：政府应加大对公共交通优先发展的政策支持和投入力度，提高公共交通的建设和运营水平。同时，可以引入市场机制，吸引社会资本参与公共交通建设，减轻政府财政压力。

第 8 章 基于行为视角的城市公交客流分配优化策略

② 优化规划和建设方案：在公共交通规划和建设方面，应注重科学性和合理性，充分考虑市民的出行需求和城市的发展趋势。通过优化线路布局、增设站点、改善设施等措施，提高公共交通的可达性和便利性。

③ 提升服务质量和服务水平：公共交通企业应注重提升服务质量和服务水平，加强车辆维护和更新，确保班次准时、站点环境整洁。同时，可以引入竞争机制，鼓励企业间开展良性竞争，提升公共交通的整体服务水平。

④ 加强与其他交通方式的协调：在公共交通优先发展过程中，应注重与其他交通方式的协调配合，形成高效、便捷的交通网络。通过优化交通组织、加强交通管理、推广智能交通等措施，提高公共交通的竞争力和吸引力。

超大特大城市公共交通优先发展面临着诸多关键问题的挑战，需要政府、企业和社会各方共同努力，加强合作，推动公共交通的持续发展。通过加大政策支持、优化规划和建设、提升服务质量、加强交通协调等措施，有望为超大特大城市公共交通的优先发展注入新的活力，为城市的可持续发展提供有力支撑。同时，也需要不断反思和讨论公共交通发展中的新问题和新挑战，为未来的公共交通发展提供有益借鉴。

8.3.5 超大特大城市公共交通优先发展对策

在新发展阶段，超大特大城市面临着更为复杂的交通挑战和更高的出行需求。为了实现公共交通的优先发展，需要采取一系列对策来应对这些挑战和满足需求，以有效推动公共交通的优先发展，提高城市交通体系的效率和可持续性，为城市的可持续发展和居民的幸福生活做出积极贡献。

（1）强化政策引导和法规保障。超大特大城市应制定明确的公共交通优先发展政策，确保公共交通在城市交通体系中的主导地位。政府应加大政策宣传力度，提高居民对公共交通重要性的认识。同时，加强法规建设，明确公共交通的合法权益，为公共交通的发展提供法律保障。通过强化政策引导和法规保障，可以确保公共交通优先发展的顺利实施。

（2）加大资金投入和优化运营模式。为了推动公共交通的优先发展，超大特大城市需要加大资金投入，探索多元化的资金来源和运营模式。政府可以通过财政补贴、发行债券等方式筹集资金,同时吸引社会资本参与公共交通的建设与运营。此外,优化运营模式也是关键,可以通过引入市场竞争机制、推广智能化管理等方式提高公共交通的运营效率和服务质量,降低运营成本。

(3)推动技术创新和人才培养。技术创新是推动公共交通优先发展的重要驱动力。超大特大城市应加强与高校、科研机构的合作,推动公共交通领域的技术创新和研发,如智能驾驶、新能源技术等。同时,加强人才培养和引进,提高公共交通系统的智能化和电动化水平。通过技术创新和人才培养,可以提升公共交通的服务质量和竞争力,吸引更多居民选择公共交通出行。

(4)完善公共交通网络和设施。为了扩大公共交通的覆盖范围和提高公共交通的便捷性,超大特大城市需要优化公共交通线路和站点布局,确保公共交通网络能够覆盖城市的各个角落。同时,加强公共交通设施的建设和维护,提高设施的使用效率和安全性。此外,还可以通过建设综合交通枢纽、推广电子站牌等方式提升公共交通的便利性,提高居民对公共交通的满意度。

(5)促进公共交通与其他出行方式的协同发展。在新发展阶段,超大特大城市需要实现公共交通与其他出行方式的协同发展。通过与共享单车、共享汽车等新型出行方式的合作与整合,可以形成互补优势,提高城市交通体系的整体效率。同时,优化城市交通体系规划,确保公共交通与其他出行方式之间的顺畅衔接和高效转换。这将有助于缓解城市交通拥堵问题,提升居民出行体验。

(6)推动绿色出行和可持续发展。超大特大城市应鼓励居民选择公共交通出行,减少私家车使用,从而降低碳排放和环境污染。通过推广绿色出行理念、建设低碳交通体系等方式,可以推动公共交通的绿色发展。此外,加强公共交通的节能减排和环保技术应用也是关键,如推广新能源公交车、优化公共交通车辆能耗等,这将有助于实现城市交通的可持续发展目标。

(7)提高公共交通的服务质量和吸引力。为了提高公共交通的服务质量和吸引力，超大特大城市需要加强公共交通的服务管理，确保乘客能够享受到安全、舒适、便捷的出行体验。同时，推出优惠政策和奖励机制，如降低票价、提供换乘优惠等，可以吸引更多居民选择公共交通出行。此外，加强公共交通与城市规划、土地利用等方面的协调也是关键，以确保公共交通能够满足居民日益增长的出行需求。

8.4 本章小结

本章从行为视角出发，深入探讨了城市公交客流分配优化策略的制定原则与框架，并具体分析了基于实时信息、换乘行为、乘客感知和学习行为等方面的优化策略。针对超大特大城市在新发展阶段面临的公共交通挑战，提出了公共交通优先发展的对策，强调了其必要性和紧迫性，并对发展现状、成效、困境和形势进行了反思和讨论。通过本章的研究，可以得出以下结论：一是深入理解和分析城市公交需求是制定有效客流分配策略的基础；二是基于实时信息的客流动态管理对于提升公交系统响应速度和服务质量具有重要意义；三是提升换乘便捷性和强化乘客感知的服务质量是优化客流分配的关键措施；四是促进乘客学习行为的培训与教育有助于提升公交系统的智能化和高效化；五是超大特大城市应高度重视公共交通优先发展，制定具体的对策以应对当前和未来的挑战。

第四篇
总结与展望

第 9 章 总结与展望

9.1 研究结论与理论创新

通过深入探索"考虑实时信息的城市公交客流分配""考虑换乘行为的城市公交客流分配""考虑乘客感知的城市公交客流分配""考虑学习行为的日常城市公交系统演化"等核心章节,并结合"国内外城市公交客流分配优化典型案例分析",本书得出了以下研究结论与理论创新。

9.1.1 研究结论

(1) 实时信息对客流分配的影响显著

实时信息能够显著影响乘客的出行决策,特别是在高峰时段和交通拥堵情况下,乘客更倾向于选择拥堵较少的线路或等待时间较短的公交车,从而减少出行时间和提高出行效率。更重要的是,实时信息的提供有助于平衡不同线路和站点的客流分布,减轻部分线路和站点的拥堵压力。

(2) 换乘行为对客流分配具有关键作用

换乘行为是城市公交系统中的重要组成部分,直接影响客流的分配和公交系统的效率。乘客在选择换乘站点和线路时,会考虑多种因素,如换乘时间、换乘距离、换乘便捷性等。优化换乘设施和服务,如提供清晰的换乘指示、缩短换乘时间、提高换乘便捷性等,可以吸引更多乘客选择公交出行,从而增加客流分配。

（3）乘客感知对客流分配的影响不容忽视

乘客对公交服务的感知直接影响其出行选择和对公交系统的满意度。乘客感知，包括舒适度、安全性、便捷性、准时性等都会影响乘客的出行决策。通过提高公交服务的质量和乘客感知，如提供舒适的乘车环境、加强安全保障、提高服务效率等，可以增强乘客对公交系统的信任度和依赖度，从而增加客流分配。

（4）学习行为对公交系统演化具有重要影响

乘客的出行选择并非一成不变，而是会根据过去的经验和环境的变化进行调整。学习行为是指乘客在出行过程中逐渐学习和适应公交系统的特点和变化，从而调整自己的出行决策。考虑学习行为的公交系统演化模型能够更好地预测和描述公交系统的发展趋势和变化，为公交系统的规划和管理提供有力支持。

（5）国内外案例分析提供了宝贵经验

通过分析国内外城市公交客流分配优化的典型案例，可以吸收借鉴他们在客流分配优化方面所采取的策略和措施。这些案例提供的宝贵经验和教训，可为本地公交客流分配优化提供有益的参考和借鉴。同时，这些案例也展示了不同城市在公交系统规划、管理、运营等方面的差异和特点，有助于更加全面地了解城市公交客流分配优化的现状和发展趋势。

9.1.2 理论创新

针对考虑实时信息的城市公交客流分配问题，建立了基于混合 Logit 模型的路径选择模型，发现该模型不仅能诠释异质乘客选择喜好的随机性变化，还能完全摆脱 IIA 假设的束缚，能更合理、更有效地解释因个体偏好不同而导致的路径选择行为差异，操作性强。

针对考虑换乘行为的城市公交客流分配问题，基于广义公交路径定义研究了乘客路径选择过程中涉及的状态-行动空间及状态转移概率，证明了由转移概率得到的路径选择概率与 Logit 配流模型选择概率的一致性，揭示了由换乘引起的乘客路径选择多样化和复杂化的客流分配问题的本质；对于多源单汇、单源多汇和多源多汇的公交路网，不管乘客出行是否需要换乘，该方法均可适用；该研究可作为进一步探讨动态公交客流分配问题的前期基础。

针对考虑乘客感知的城市公交客流分配问题，提出了有限理性视角下的公交用户最优均衡，建立了考虑乘客感知的公交客流分配模型，该模型能有效综合出行时间均值与标准差对乘客路径选择决策的影响，可同时考虑乘客的风险偏好、出行时间可靠性、迟到损失等因素对路径选择和公交客流分配的影响，从而能更好地描述和还原乘客基于有限理性决策的路径选择行为。

针对考虑学习行为的日常城市公交系统演化问题，建立了考虑学习行为的路径选择模型，弥补了学习行为对乘客路径选择行为影响研究的不足；从微观层面解释了公交系统动态演化直至广义均衡产生的过程，探讨了乘客路径选择行为和客流分配之间相互反馈的动态平衡机理，可为乘客出行决策行为预测提供有力的理论依据，为公交车辆调度提供动态的流量分布信息。

9.2 研究局限与未来展望

尽管本书在行为视角下对城市公共交通客流分配进行了深入的研究，但仍存在一些局限性和需要进一步研究的问题：

（1）数据获取与处理的挑战

在实际应用中，获取准确、全面的实时信息和乘客感知数据是一项挑战。实时信息的采集和传输可能受到技术、设备、网络等多种因素的影响，导致数据质量不稳定或数据缺失。未来的研究可以探索更加高效和准确的数据获取方法，如利用先进的传感器技术和物联网技术来实时获取公交车辆的位置、速度、载客量等信息。同时，也需要研究更加精细的数据处理和分析技术，以提取有用的信息和洞察。

第9章 总结与展望

（2）模型应用的普适性

本书所建立的模型可能需要根据不同公交系统的特点进行调整和优化。不同城市的公交系统具有不同的网络结构、车辆配置、运营策略等，这些差异可能会影响模型的适用性和准确性。未来的研究可以进一步探索模型的普适性，通过引入更多的影响因素和变量来提高模型的通用性和灵活性。同时，也可以开展跨城市的比较研究，以验证模型在不同场景下的应用效果。

（3）跨学科合作的深化

行为视角下的城市公共交通客流分配研究涉及多个学科领域，包括交通工程、行为科学、地理学、心理学等。这些学科领域具有各自的研究方法和理论体系，需要进行跨学科的合作和整合。未来的研究可以进一步加强跨学科合作，整合不同学科的知识和方法，以推动该领域的研究向更深层次发展。例如，可以借鉴行为科学中的理论和方法来研究乘客的出行决策和行为模式，或者利用地理学和心理学的研究成果来分析乘客的空间分布和心理需求。

9.3 对实践者的建议与启示

基于本书的研究结论和发现，可为实践者提供以下建议和启示：

（1）充分利用实时信息提升服务质量

实践者应积极推广和使用实时信息系统，为乘客提供更加准确、全面的出行信息，以帮助他们做出更加合理和及时的出行决策。通过实时信息的提供，可以减少乘客的等待时间和公交系统的换乘时间，提高出行效率和服务质量。同时，实践者还可以利用实时信息来监测和分析公交系统的运行状态，及时发现和应对交通拥堵、车辆故障等突发情况，确保公交系统的稳定和安全。

（2）优化换乘设施和服务

换乘是城市公交系统中不可避免的一部分，实践者应该特别关注换乘设施的优化和服务质量的提升。通过提供清晰、易懂的换乘指示和标识,减少乘客的换乘困惑和不便。同时,应该优化换乘站点的布局和设计,提高换乘的便捷性和效率,减少乘客的换乘时间和等待时间。此外,加强换乘站点的维护和管理,确保换乘设施的正常运行和乘客的安全出行。

(3)关注乘客感知和需求

乘客的感知和需求是公交系统优化的重要依据。实践者应该定期收集和分析乘客对公交服务的感知和需求数据,了解乘客对公交系统的期望和意见。通过开展乘客满意度调查、设置乘客反馈渠道等方式,积极倾听乘客的声音,及时发现问题并采取相应措施加以改进。同时,加强与乘客的沟通和互动,建立良好的乘客关系,提高乘客对公交系统的信任度和满意度。

(4)借鉴国内外成功经验

国内外城市在公交客流分配优化方面积累了丰富的成功经验。实践者应该积极借鉴这些经验,结合本地的实际情况进行创新和应用。通过参加行业交流会议、学习先进城市的案例、引进先进的技术和管理模式等方式,不断提升自身的专业水平和实践能力。同时,加强与国内外同行之间的合作与交流,共同推动城市公共交通的可持续发展。

(5)推动跨学科合作与创新

行为视角下的城市公共交通客流分配研究需要多个学科领域的合作与支持。实践者应该积极与学术界、研究机构等合作,共同推动相关研究的创新和发展。通过跨学科的合作,可以引入更多的理论和方法来深入分析乘客的行为和需求,为公交客流分配优化提供更为科学和有效的支持。同时,鼓励创新思维和技术应用,不断探索新的客流分配模式和策略,为城市公共交通的未来发展注入新的动力。

参考文献

[1] 杨兆升. 城市智能公共交通系统理论与方法[M]. 北京：中国铁道出版社，2004.

[2] WAHBA M. MILATRAS：MIcrosimulation learning-based approach to transit assignment[D]. 2008.

[3] 雷全胜，唐祯敏. 城市公交平衡配流研究的几个关键问题综述[J]. 系统工程学报，2003，18（1）：62-66.

[4] 黄海军. 城市交通网络平衡分析：理论与实践[M]. 北京：人民交通出版社，1994.

[5] DIAL R B. Transit pathfinder algorithm[J]. Highway Research Record，1967（205）：67-85.

[6] CHRIQUI C，ROBILLARD P. Common bus lines[J]. Transportation Science，1975，9（2）：115-121.

[7] ANDREASSON I. A method for the analysis of transit networks[C]. Second European Congress on Operations Research：Amsterdam，North-Holland，1976.

[8] RAPP M H，MATTENBERGER P，PIGUET S，et al. Interactive graphics system for transit route optimization[J]. Transportation Research Record，1976（559）：73-88.

[9] FLORIAN M. A traffic equilibrium model of travel by car and public transit modes[J]. Transportation Science，1977，11（2）：166-179.

参考文献

[10] FLORIAN M, SPIESS H. On binary mode choice/assignment models[J]. Transportation Science, 1983, 17（1）: 32-47.

[11] LAMPKIN W, SAALMANS P. The design of routes, service frequencies, and schedules for a municipal bus undertaking: a case study[J]. Operational Research Society, 1967, 18（4）: 375-397.

[12] SCHÉELE S, INSTITUTIONEN M. A mathematical programming algorithm for optimal bus frequencies[M]. Linköping: Linköping University, 1977.

[13] MANDL C E. Evaluation and optimization of urban public transportation networks[J]. European Journal of Operational Research, 1980, 5（6）: 396-404.

[14] HASSELSTRÖM D. Public transportation planning: a mathematical programming approach[M]. Företagsekonomi, 1981.

[15] DIAL R B. A probabilistic multipath traffic assignment model which obviates path enumeration[J]. Transportation research, 1971, 5（2）: 83-111.

[16] DAGANZO CF. On the traffic assignment problem with flow dependent costs—II[J]. Transportation research, 1977, 11（6）: 439-441.

[17] SHEFFI Y. Estimating choice probabilities among nested alternatives[J]. Transportation Research Part B: Methodological, 1979, 13（3）: 189-205.

[18] LAST A, LEAK S. Transept: a bus model[J]. Traffic Engineering and Control, 1976, 17（1）: 14-20.

[19] WARDROP J G. Some theoretical aspects of road traffic research[C]. Proceeding of Institute of Civil Engineers, 1952: 325-378.

[20] DAGANZO C F, SHEFFI Y. On stochastic models of traffic assignment[J]. Transportation Science, 1977, 11（3）: 253-274.

[21] SPIESS H, FLORIAN M. Optimal strategies: a new assignment model for transit networks[J]. Transportation Research Part B: Methodological, 1989, 23（2）: 83-102.

[22] WU J H, FLORIAN M, MARCOTTE P. Transit equilibrium assignment: a model and solution algorithms[J]. Transportation Science, 1994, 28(3): 193-203.

[23] DE CEA J, FERNÁNDEZ E. Transit assignment for congested public transport systems: an equilibrium model[J]. Transportation Science, 1993, 27(2): 133-147.

[24] WU J H, FLORIAN M, MARCOTTE P. Transit equilibrium assignment: a model and solution algorithms[J]. Transportation Science, 1994, 28: 193-203.

[25] LAM W H K, CHEUNG C, POON Y. A study of passenger discomfort measures at the Hong Kong mass transit railway system[J]. Journal of advanced transportation, 1999, 33(3): 389-399.

[26] LAM W H K, CHEUNG C Y, LAM C. A study of crowding effects at the Hong Kong light rail transit stations[J]. Transportation Research Part A: Policy and Practice, 1999, 33(5): 401-415.

[27] LAM W H K, GAO Z, CHAN K, et al. A stochastic user equilibrium assignment model for congested transit networks[J]. Transportation Research Part B: Methodological, 1999, 33(5): 351-368.

[28] NIELSEN O A, JOVICIC G. A large scale stochastic timetable-based transit assignment model for route and sub-mode choices[C]. Transportation planning methods. Proceedings of seminar F, European transport conference, 27-29 September 1999, Cambridge, UK., 1999.

[29] 高自友, 林兴强. 公交网络中基于弹性需求和能力限制条件下的 SUE 配流模型及算法[J]. 北方交通大学学报, 2000, 24(6): 1-7.

[30] LAM S H, XIE F. Transit path-choice models that use revealed preference and stated preference data[J]. Transportation Research Record: Journal of the Transportation Research Board, 2002, 1799(1): 58-65.

[31] POON M, WONG S, TONG C. A dynamic schedule-based model for congested transit networks[J]. Transportation Research Part B:

Methodological, 2004, 38（4）: 343-368.

[32] NIELSEN O A, FREDERIKSEN R D. Optimisation of timetable-based, stochastic transit assignment models based on MSA[J]. Annals of Operations Research, 2006, 144（1）: 263-285.

[33] YANG L, LAM W H K. Probit-type reliability-based transit network assignment[J]. Transportation Research Record: Journal of the Transportation Research Board, 2006, 1977（1）: 154-163.

[34] HAMDOUCH Y, LAWPHONGPANICH S. Schedule-based transit assignment model with travel strategies and capacity constraints[J]. Transportation Research Part B: Methodological, 2008, 42(7/8): 663-684.

[35] PAPOLA N, FILIPPI F, GENTILE G, et al. Schedule-based transit assignment: new dynamic equilibrium model with vehicle capacity constraints[M]. Springer US, 2009: 1-26.

[36] SUMALEE A, TAN Z, LAM W H K. Dynamic stochastic transit assignment with explicit seat allocation model[J]. Transportation Research Part B: Methodological, 2009, 43（8）: 895-912.

[37] LEURENT F. On seat capacity in traffic assignment to a transit network[J]. Journal of Advanced Transportation, 2012, 46(2): 112-138.

[38] HAMDOUCH Y, HO H W, SUMALEE A, et al. Schedule-based transit assignment model with vehicle capacity and seat availability[J]. Transportation Research Part B: Methodological, 2011, 45（10）: 1805-1830.

[39] 四兵锋. 城市交通超级网络均衡配流模型及算法[J]. 公路交通科技, 1998, 15（3）: 67-71.

[40] 高自友, 宋一凡, 四兵锋, 等. 公交网络中基于弹性需求和能力限制条件下的 SUE 配流模型及算法[J]. 北方交通大学学报, 2000, 24(6): 1-7.

[41] 林柏梁, 杨富社. 基于出行费用最小化的公交网络优化模型[J]. 中国公路学报, 1999, 12（1）: 79-83.

[42] TONG C O, WONG S C. A stochastic transit assignment model using a dynamic schedule-based network[J]. Transportation Research Part B: Methodological, 1998, 33（2）: 107-121.

[43] NUZZOLO A, RUSSO F, CRISALLI U. A doubly dynamic schedule-based assignment model for transit networks[J]. Transportation Science, 2001, 35（3）: 268-285.

[44] TONG C O, WONG S C, POON M H, et al. A schedule-based dynamic transit network model-Recent advances and prospective future research[J]. Journal of advanced transportation, 2001, 35（2）: 175-195.

[45] NGUYEN S, PALLOTTINO S, MALUCELLI F. A modeling framework for passenger assignment on a transport network with timetables[J]. Transportation Science, 2001, 35（3）: 238-249.

[46] NUZZOLO A, CRISALLI U, ROSATI L. A schedule-based assignment model with explicit capacity constraints for congested transit networks[J]. Transportation Research Part C: Emerging Technologies, 2012, 20（1）: 16-33.

[47] 刘志谦, 宋瑞. 基于时刻表的公交配流算法研究[J]. 重庆交通大学学报（自然科学版）ISTIC, 2010, 29（1）: 114-120.

[48] COMINETTI R, CORREA J. Common-lines and passenger assignment in congested transit networks[J]. Transportation Science, 2001, 35（3）: 250-267.

[49] LAM W H K, ZHOU J, SHENG Z. A capacity restraint transit assignment with elastic line frequency[J]. Transportation Research Part B: Methodological, 2002, 36（10）: 919-938.

[50] CEPEDA M, COMINETTI R, FLORIAN M. A frequency-based assignment model for congested transit networks with strict capacity constraints: characterization and computation of equilibria[J]. Transportation Research Part B: Methodological, 2006, 40（6）: 437-459.

[51] MESCHINI L, GENTILE G, PAPOLA N. A frequency based transit model for dynamic traffic assignment to multimodal networks[C]. 17th International Symposium on Transportation and Traffic Theory. London, 2007.

[52] SCHMÖCKER J-D, BELL M G H, Kurauchi F. A quasi-dynamic capacity constrained frequency-based transit assignment model[J]. Transportation Research Part B: Methodological, 2008, 42(10): 925-945.

[53] TEKLU F. A stochastic process approach for frequency-based transit assignment with strict capacity constraints[J]. Networks and Spatial Economics, 2008, 8(2): 225-240.

[54] NÖKEL K, WEKECK S. Boarding and alighting in frequency-based transit assignment[J]. Transportation Research Record: Journal of the Transportation Research Board, 2009, 2111(1): 60-67.

[55] GALLO M, MONTELLA B, D'ACIERNO L. The transit network design problem with elastic demand and internalisation of external costs: An application to rail frequency optimisation[J]. Transportation Research Part C: Emerging Technologies, 2011, 19(6): 1276-1305.

[56] SCHMÖCKER J-D, FONZONE A, SHIMAMOTO H, et al. Frequency-based transit assignment considering seat capacities[J]. Transportation Research Part B: Methodological, 2011, 45(2): 392-408.

[57] SZETO W Y, WU Y. A simultaneous bus route design and frequency setting problem for Tin Shui Wai, Hong Kong[J]. European Journal of Operational Research, 2011, 209(2): 141-155.

[58] SI B, ZHONG M, YANG X, et al. Urban transit assignment model based on augmented network with in-vehicle congestion and transfer congestion[J]. Journal of Systems Science and Systems Engineering, 2011, 20(2): 155-172.

[59] ATKINS S. Passenger information at bus stops (pibs): report on monitoring studies of route 18 demonstration [J]. 1994.

[60] DZIEKAN K, KOTTENHOFF K. Dynamic at-stop real-time information displays for public transport: effects on customers[J]. Transportation Research Part A: Policy and Practice, 2007, 41 (6): 489-501.

[61] CAULFIELD B, O'MAHONY M. A stated preference analysis of real-time public transit stop information[J]. 2009, 12 (3): 1-20.

[62] GENTILE G, NGUYEN S, PALLOTTINO S. Route choice on transit networks with online information at stops[J]. Transportation Science, 2005, 39 (3): 289-297.

[63] LARSEN O I, SUNDE Ø. Waiting time and the role and value of information in scheduled transport[J]. Research in Transportation Economics, 2008, 23 (1): 41-52.

[64] BEN-ELIA E, SHIFTAN Y. Which road do I take? A learning-based model of route-choice behavior with real-time information[J]. Transportation Research Part A: Policy and Practice, 2010, 44 (4): 249-264.

[65] ZHAN G, WILSON N H M. Assessing the cost of transfer inconvenience in public transport systems: a case study of the London underground[J]. Transportation Research Part A: Policy and Practice, 2011, 45 (2): 91-104.

[66] ZHAN G. Mind the map! The impact of transit maps on path choice in public transit[J]. Transportation Research Part A: Policy and Practice, 2011, 45 (7): 625-639.

[67] LO S-C, CHANG W-J. Design of real-time fuzzy bus holding system for the mass rapid transit transfer system[J]. Expert Systems with Applications, 2012, 39 (2): 1718-1724.

[68] CATS O. An agent-based approach for modeling real-time travel information in transit systems[J]. Procedia Computer Science, 2014, 32: 744-749.

[69] BRAKEWOOD C, BARBEAU S, WATKINS K. An experiment evaluating the impacts of real-time transit information on bus riders in

Tampa, Florida.[J]. Transportation Research Part A: Policy and Practice, 2014, (69): 409-422.

[70] TANG L, THAKURIAH P V. Ridership effects of real-time bus information system: a case study in the city of Chicago[J]. Transportation Research Part C: Emerging Technologies, 2012, 22: 146-161.

[71] KNOPPERS P, MULLER T. Optimized transfer opportunities in public transport[J]. Transportation Science, 1995, 29 (1): 101-105.

[72] OSUNA E, NEWELL G. Control strategies for an idealized public transportation system[J]. Transportation Science, 1972, 6 (1): 52-72.

[73] JOLLIFFE J, HUTCHINSON T. A behavioural explanation of the association between bus and passenger arrivals at a bus stop[J]. Transportation Science, 1975, 9 (3): 248-282.

[74] SEDDON P, DAY M. Bus passenger waiting times in Greater Manchester[J]. Traffic Engineering and Control, 1974, 15 (9): 442-445.

[75] FERNÁNDEZ E, DE CEA J, FLORIAN M, et al. Network equilibrium models with combined modes[J]. Transportation Science, 1994, 28 (3): 182-192.

[76] LOZANO A, STORCHI G. Shortest viable path algorithm in multimodal networks[J]. Transportation Research Part A: Policy and Practice, 2001, 35 (3): 225-241.

[77] POON M H, WONG S C, TONG C O. A dynamic schedule-based model for congested transit networks[J]. Transportation Research Part B: Methodological, 2004, 38 (4): 343-368.

[78] 曾鹦, 李军, 朱晖. 换乘行为影响下的城市公交配流算法[J]. 交通运输工程学报, 2013, 13 (4): 70-78.

[79] 张明辉. 基于GP算法的城市轨道交通客流分配问题研究[J]. 交通科技与经济, 2014, 16 (3): 46-49.

[80] 于剑, 徐彬. 面向客流分配的城市轨道交通服务网络建模方法研究[J]. 城市轨道交通研究, 2014, (9): 92-95+104.

[81] 翁敏，毋河海，杜清运，等. 基于公交网络模型的最优出行路径选择的研究[J]. 武汉大学学报：信息科学版，2004，29（6）：500-503.

[82] 赵巧霞，马志强，张发. 以最小换乘次数和站数为目标的公交出行算法[J]. 计算机应用，2004，24（12）：136-137.

[83] 苏爱华，施法中. 公交网络换乘问题的一种实现[J]. 工程图学学报，2005，4：55-59.

[84] 侯刚，周宽久. 基于换乘次数最少的公交网络最优路径模型研究[J]. 计算机技术与发展，2008，18（1）：44-47.

[85] 李远，四兵锋，杨小宝，等. 考虑换乘费用的城市公交网络随机用户均衡配流模型及算法[J]. 系统工程理论与实践，2014，34（8）：2127-2134.

[86] 杜彩军，任伟，陈建华. 城市公交线网换乘性能评估指标及方法[J]. 武汉理工大学学报（交通科学与工程版），2014，38（2）：418-421.

[87] 赫伯特·西蒙. 西蒙选集[M]. 北京：首都经济贸易大学出版社，2002.

[88] KAHNEMAN D，TVERSKY A. Prospect theory：an analysis of decision under risk[J]. Econometrica，1979，47（2）：263-291.

[89] 张波，隽志才，倪安宁. 前景理论在出行行为研究中的适用性[J]. 北京理工大学学报（社会科学版），2013，15（1）：54-62.

[90] CONNORS RD，SUMALEE A. A network equilibrium model with travellers' perception of stochastic travel times[J]. Transportation Research Part B：Methodological，2009，43（6）：614-624.

[91] AVINERI E. The effect of reference point on stochastic network equilibrium[J]. Transportation Science，2006，40（4）：409-420.

[92] 张杨. 不确定环境下城市交通中车辆路径选择研究[D]. 成都：西南交通大学，2006.

[93] 田丽君，黄海军，许岩. 具有异质参考点的多用户网络均衡模型[J]. 管理科学学报，2014，17（7）：1-9.

[94] MAHMASSANI H S，CHANG G L. Dynamic aspects of departure-time choice behavior in a commuting system：theoretical framework and

experimental analysis[J]. Transportation Research Record, 1985: 88-101.

[95] KATSIKOPOULOS K V, DUSE-ANTHONY Y, FISHER D L, et al. Risk attitude reversals in drivers' route choice when range of travel time information is provided[J]. Human Factors: The Journal of the Human Factors and Ergonomics Society, 2002, 44（3）: 466-473.

[96] BOGERS E, VAN ZUYLEN H. The importance of reliability in route choices in freight transport for various actors on various levels[C]. Proceedings of the European Transport Conference, 2004. 149-161.

[97] 张杨, 贾建民, 黄庆. 城市交通中车辆择路行为实证研究[J]. 管理科学学报, 2007, 10（5）: 78-85.

[98] AVINERI E, PRASHKER J. Sensitivity to uncertainty: need for a paradigm shift[J]. Transportation Research Record: Journal of the Transportation Research Board, 2003, 1854（1）: 90-98.

[99] AVINERI E. A cumulative prospect theory approach to passengers behaviour modelling: waiting time paradox revisited[J]. Journal of Intelligent Transportation Systems: Technology, Planning and Operations, 2004, 8（4）: 195-204.

[100] DE BLAEIJ A T, VAN VUUREN D J. Risk perception of traffic participants[J]. Accident Analysis & Prevention, 2003, 35(2): 167-175.

[101] CONNORS R D, SUMALEE A. A network equilibrium model with travellers' perception of stochastic travel times[J]. Transportation Research Part B: Methodological, 2009, 43（6）: 614-624.

[102] JOU R C, KITAMURA R, WENG M C, et al. Dynamic commuter departure time choice under uncertainty[J]. Transportation Research Part A: Policy and Practice, 2008, 42（5）: 774-783.

[103] VITI F, BOGERS E, HOOGENDOORN S. Day-to-day learning under uncertainty and with information provision: model and data analysis[C]. 16th International Symposium on Transportation and Traffic Theory. Maryland, US, 2005.

[104] DE PALMA A, LINDSEY R, PICARD N. Risk aversion, the value of information, and traffic equilibrium[J]. Transportation Science, 2012, 46 (1): 1-26.

[105] HOROWITZ J L. The stability of stochastic equilibrium in a two-link transportation network[J]. Transportation Research Part B: Methodological, 1984, 18 (1): 13-28.

[106] JHA M, MADANAT S, PEETA S. Perception updating and day-to-day travel choice dynamics in traffic networks with information provision[J]. Transportation Research Part C: Emerging Technologies, 1998, 6 (3): 189-212.

[107] CHEN R, MAHMASSANI H S. Travel time perception and learning mechanisms in traffic networks[J]. Transportation Research Record: Journal of the Transportation Research Board, 2004, 1894(1): 209-221.

[108] LAM T C, SMALL K A. The value of time and reliability: measurement from a value pricing experiment[J]. Transportation Research Part E: Logistics and Transportation Review, 2001, 37 (2): 231-251.

[109] LIU H X, RECKER W, CHEN A. Uncovering the contribution of travel time reliability to dynamic route choice using real-time loop data[J]. Transportation Research Part A: Policy and Practice, 2004, 38 (6): 435-453.

[110] SRINIVASAN K K, GUO Z. Day-to-day evolution of network flows under route-choice dynamics in commuter decisions[J]. Transportation Research Record: Journal of the Transportation Research Board, 2004, 1894 (1): 198-208.

[111] CHEN R B G. Learning and risk perception mechanisms in route choice and activity scheduling dynamics[D]. College Park: University of Maryland, 2007.

[112] WATKINS K E, FERRIS B, BORNING A, et al. Where is my bus? Impact of mobile real-time information on the perceived and actual wait

time of transit riders[J]. Transportation Research Part A: Policy and Practice, 2011, 45 (8): 839-848.

[113] WAHBA M, SHALABY A. A general multi-agent modelling framework for the transit assignment problem—a learning-based approach[J]. Innovative Internet Community Systems, 2006: 276-295.

[114] WAHBA M M A. A new modelling framework for the transit assignment problem: a multi-agent learning-based approach[D]. 2004.

[115] AVINERI E, PRASHKER J N. Violations of expected utility theory in route-choice stated preferences: certainty effect and inflation of small probabilities[J]. Transportation Research Record: Journal of the Transportation Research Board, 2004, 1894 (1): 222-229.

[116] AVINERI E, PRASHKER J. Sensitivity to travel time variability: travelers' learning perspective[J]. Transportation Research Part C: Emerging Technologies, 2005, 13 (2): 157-183.

[117] SZETO W Y, JIANG Y, WONG K I, et al. Reliability-based stochastic transit assignment with capacity constraints: formulation and solution method[J]. Transportation Research Part C: Emerging Technologies, 2013, 35: 286-304.

[118] CHEN X, YU L, ZHANG Y, et al. Analyzing urban bus service reliability at the stop, route, and network levels[J]. Transportation Research Part A: Policy and Practice, 2009, 43 (8): 722-734.

[119] KURAUCHI F, BELL M G, SCHMÖCKER J-D. Capacity constrained transit assignment with common lines[J]. Journal of Mathematical Modelling and Algorithms, 2003, 2 (4): 309-327.

[120] HUANG H J, YANG H. Optimal utilization of a transport system with auto/transit parallel modes[J]. Optimal Control Applications and Methods, 1999, 20 (6): 297-313.

[121] HUANG H-J, LAM W H. A multi-class dynamic user equilibrium model for queuing networks with advanced traveler information systems[J].

Journal of Mathematical Modelling and Algorithms, 2003, 2（4）: 349-377.

[122] 田琼, 黄海军, 杨海. 瓶颈处停车换乘 logit 随机均衡选择模型[J]. 管理科学学报, 2005, 8（1）: 1-6.

[123] BROCKFELD E, BARLOVIC R, SCHADSCHNEIDER A, et al. Optimizing traffic lights in a cellular automaton model for city traffic[J]. Physical Review E, 2001, 64（5）: 056132.

[124] GAO Z Y, LI K P. Evolution of traffic flow with scale-free topology[J]. Chinese Physics Letters, 2005, 22（10）: 2711.

[125] GAO Z Y, LI K P, LI X G, et al. Scaling laws of the network traffic flow[J]. Physica A: Statistical Mechanics and its Applications, 2007（380）: 577-584.

[126] KRAPIVSKY P L, REDNER S, LEYVRAZ F. Connectivity of growing random networks[J]. Physical review letters, 2000, 85(21): 4629-4632.

[127] FEBBRARO A D, SACCO N. On modelling urban transportation networks via hybrid Petri nets[J]. Control Engineering Practice, 2004, 12（10）: 1225-1239.

[128] WU J, GAO Z, SUN H, et al. Urban transit system as a scale-free network[J]. Modern Physics Letters B, 2004, 18（19/20）: 1043-1049.

[129] 王波. 基于派系的复杂网络及其在公交网络上的应用研究[D]. 杭州: 浙江工业大学, 2009.

[130] YANG X-H, WANG B, CHEN S-Y, et al. Epidemic dynamics behavior in some bus transport networks[J]. Physica A: Statistical Mechanics and its Applications, 2012, 391（3）: 917-924.

[131] YANG X H, WANG B, WANG W L, et al. You-Xian S. Research on some bus transport networks with random overlapping clique structure[J]. Communications in Theoretical Physics, 2008, 50（5）: 1249.

[132] WATLING D, HAZELTON M L. The dynamics and equilibria of day-to-day assignment models[J]. Networks and Spatial Economics,

2003, 3（3）: 349-370.

[133] HUANG H, LIU T, YANG H. Modeling the evolutions of day-to-day route choice and year-to-year ATIS adoption with stochastic user equilibrium[J]. Journal of Advanced Transportation, 2008, 42（2）: 111-127.

[134] BEN-AKIVA M, LERMAN S. Discrete choice analysis: theory and application to travel demand[M]. Cambridge: MIT press, 1985.

[135] TRAIN KE. Discrete choice methods with simulation[M]. Cambridge: Cambridge university press, 2003.

[136] KITAMURA R, CHEN C, PENDYALA RM. Generation of synthetic daily activity-travel patterns[J]. Transportation Research Record: Journal of the Transportation Research Board, 1997, 1607（1）: 154-162.

[137] KOPPELMAN F S, WEN C H. Alternative nested logit models: structure, properties and estimation[J]. Transportation Research Part B: Methodological, 1998, 32（5）: 289-298.

[138] BRICKA S. Analyzing women's trip-chaining patterns to identify potential Tod retail amenity mixes in[C]. Annual Transportation Research Board Meeting, 2004.

[139] HENSHER D A, GREENE W H. Specification and estimation of the nested logit model: alternative normalisations[J]. Transportation Research Part B: Methodological, 2002, 36（1）: 1-17.

[140] 严季, 李东根, 邵春福. 基于非集计模型的城市铁路线路客流量预测研究[J]. 西安公路交通大学学报, 2001, 21（3）: 68-72.

[141] 关宏志, 王山川, 姚丽亚, 等. 基于SP和RP数据融合的城市轨道交通选择模型[J]. 北京工业大学学报, 2007, 33（2）: 203-207.

[142] 张政, 毛保华, 刘明君, 等. 北京老年人出行行为特征分析[J]. 交通运输系统工程与信息, 2007, 7（6）: 11-20.

[143] 何瑞春, 李引珍, 张峻屹, 等. 城市居民出行选择预测模型及实证研究[J]. 交通运输系统工程与信息, 2007, 7（6）: 80-84.

[144] 黄树森，宋瑞，陶媛. 大城市居民出行方式选择行为及影响因素研究——以北京市为例[J]. 交通标准化，2008，（9）：124-128.

[145] 陈团生，岳芳，杨玲铃，等. 老年人出行选择行为影响因素研究[J]. 西南交通大学学报（社会科学版），2007，8（5）：17-21.

[146] 张萌，孙全欣，陈金川，等. 北京市女性出行行为研究[J]. 交通运输系统工程与信息，2008，8（2）：19-26.

[147] 何保红，王炜，陈峻. 城市 P&R 出行者选择行为模型[J]. 哈尔滨工业大学学报，2009（4）：243-246.

[148] 刘崭，高璇. 基于非集计模型的公交出行选择预测模型[J]. 公路，2010（5）：136-139.

[149] 关宏志. 非集计模型：交通行为分析的工具[M]. 北京：人民交通出版社，2004.

[150] 聂冲，贾生华. 离散选择模型的基本原理及其发展演进评介[J]. 数量经济技术经济研究，2005（11）：151-159.

[151] TVERSKY A, KAHNEMAN D. Advances in prospect theory: cumulative representation of uncertainty[J]. Journal of Risk and Uncertainty，1992，5（4）：297-323.

[152] 饶育蕾，徐艳辉. 基于 EWA 博弈学习模型的股权分置改革对价均衡研究[J]. 中国管理科学，2008，16（1）：172-179.

[153] 徐艳辉. 基于 EWA 学习模型的股权分置改革对价博弈均衡研究[D]. 长沙：中南大学，2007.

[154] CAMERER C, HUA HO T. Experience-weighted attraction learning in normal form games[J]. Econometrica，1999，67（4）：827-874.

[155] MAHMASSANI H S, JOU R C. Transferring insights into commuter behavior dynamics from laboratory experiments to field surveys[J]. Transportation Research Part A: Policy and Practice，2000，34（4）：243-260.

[156] WHITEHEAD J C, PATTANAYAK S K, VAN HOUTVEN G L, et al. Combining revealed and stated preference data to estimate the

nonmarket value of ecological services: an assessment of the state of the science[J]. Journal of Economic Surveys, 2008, 22 (5): 872-908.

[157] 交通大辞典编辑委员会. 交通大辞典[M]. 上海：上海交通大学出版社，2005.

[158] 曾鹦，李军，朱晖. 考虑乘客感知的公交随机用户均衡配流[J]. 计算机应用，2013（4）：1149-1152+1168.

[159] 曾鹦，李军，朱晖. 实时信息下的乘客路径选择行为[J]. 计算机应用，2013，(10)：2964-2968.

[160] ANDREWS R L, AINSLIE A, CURRIM I S. An empirical comparison of logit choice models with discrete versus continuous representations of heterogeneity[J]. Journal of Marketing Research, 2002: 479-487.

[161] 李华民，黄海军，刘剑锋. 混合 Logit 模型的参数估计与应用研究[J]. 交通运输系统工程与信息，2010，10（5）：73-78.

[162] 张羽祥，赵胜川. 基于 Monte Carlo 模拟的 Mixed Logit 模型求解研究[J]. 交通标准化，2009（1）：112-115.

[163] 王树盛，黄卫，陆振波. Mixed Logit 模型及其在交通方式分担中的应用研究[J]. 公路交通科技，2006，23（5）：88-91.

[164] 周存忠. 地震词典[M]. 上海：上海辞书出版社，1991.

[165] 郑文翰. 军事大辞典[M]. 上海：上海辞书出版社，1992.

[166] 李裕奇，李永红. 随机过程[M]. 北京：国防工业出版社，2003.

[167] AKAMATSU T. Cyclic flows, Markov process and stochastic traffic assignment[J]. Transportation Research Part B: Methodological, 1996, 30 (5): 369-386.

[168] KAHNEMAN D, TVERSKY A. Prospect theory: an analysis of decision under risk[J]. Econometrica: Journal of the Econometric Society, 1979, 47 (2): 263-291.

[169] GÄRLING T. Behavioural assumptions overlooked in travel choice modelling[M]. Oxford. UK: Pergamon, 1998.

[170] FUJII S, KITAMURA R. Drivers' mental representation of travel time

and departure time choice in uncertain traffic network conditions[J]. Networks and Spatial Economics, 2004, 4（3）: 243-256.

[171] AVINERI E. A cumulative prospect theory approach to passengers behavior modeling: waiting time paradox revisited[J]. Journal of Intelligent Transportation Systems, 2004, 8（4）: 195-204.

[172] XU H, LOU Y, YIN Y, et al. A prospect-based user equilibrium model with endogenous reference points and its application in congestion pricing[J]. Transportation Research Part B: Methodological, 2011, 45（2）: 311-328.

[173] SENBIL M, KITAMURA R. Reference points in commuter departure time choice: a prospect theoretic test of alternative decision frames[C]. Intelligent Transportation Systems: Taylor & Francis, 2004: 19-31.

[174] PRELEC D. The probability weighting function[J]. Econometrica, 1998: 497-527.

[175] RIEGER M O, WANG M. Cumulative prospect theory and the St. Petersburg paradox[J]. Economic Theory, 2006, 28（3）: 665-679.

[176] SELTEN R, CHMURA T, PITZ T, et al. Commuters route choice behaviour[J]. Games and Economic Behavior, 2007, 58（2）: 394-406.

[177] KLÜGL F, BAZZAN A L. Route decision behaviour in a commuting scenario: simple heuristics adaptation and effect of traffic forecast[J]. Journal of Artificial Societies and Social Simulation, 2004, 7（1）: 1-25.

[178] BELL M G H. Capacity constrained transit assignment models and reliability analysis[J]. Advanced Modeling for Transit Operations and Service, 2003: 181-201.

[179] ROTH A E, EREV I. Learning in extensive-form games: experimental data and simple dynamic models in the intermediate term[J]. Games and Economic Behavior, 1995, 8（1）: 164-212.

[180] CHEN Y, KHOROSHILOV Y. Learning under limited information[J]. Games and Economic Behavior, 2003, 44（1）: 1-25.

[181] AMALDOSS W, JAIN S. David vs. Goliath: an analysis of asymmetric mixed-strategy games and experimental evidence[J]. Management Science, 2002, 48(8): 972-991.

[182] VITI F, BOGERS E, HOOGENDOORN S. Day-to-day learning under uncertainty and with information provision: model and data analysis[C]. The 16th International Symposium on Transportation and Traffic Theory, Maryland, US, 2005.

[183] 臧天哲, 顾保南. 基于VISUM软件的城市轨道交通线网客流分配自动化计算程序开发[J]. 城市轨道交通研究, 2024, 27(3): 54-58.

[184] 付一方. 基于广义费用的城市轨道交通客流分配[J]. 综合运输, 2023, 45(12): 60-64+192.

[185] 段力伟, 符喋洁, 张开萍. 考虑换乘意愿的城市轨道交通跨线运营客流分配方法[J]. 综合运输, 2023, 45(7): 79-86.

[186] 刘正彪. 基于IC卡和移动支付数据的轨道客流分配及清分模型研究[D]. 重庆: 重庆交通大学, 2023.

[187] 唐琼华, 丁奇, 佟璐. 基于前景理论的高速铁路客流分配方法研究[J]. 铁道运输与经济, 2022, 44(12): 28-35.

[188] 茧敏, 王卓, 陈哲轩, 等. 基于时空路径推算的城轨网络客流分配方法[J]. 西南交通大学学报, 2023, 58(5): 1117-1125.

[189] 董皓, 王何斐, 雷佳祺. 基于马尔可夫链的旅游轨道交通客流分配模型[J]. 城市轨道交通研究, 2022, 25(9): 38-44.

[190] 陈锦渠, 殷勇, 鞠子奇. 基于仿真的城市轨道交通客流分配[J]. 计算机仿真, 2022, 39(2): 73-77+202.

[191] 谭倩, 李远东, 李旺. 大数据下考虑区间不确定阻抗的公交客流分配模型[J]. 铁道科学与工程学报, 2021, 18(8): 2191-2199.

[192] 胡煜堃, 文迪, 吕红霞. 路网能力限制的城市轨道交通动态客流分配问题研究[J]. 综合运输, 2020, 42(8): 61-67+120.

[193] 张思佳, 贾顺平, 毛保华, 等. 考虑接运公交站点排队的通勤客流分配模型[J]. 哈尔滨工业大学学报, 2019, 51(3): 121-126.

[194] 柳伍生,贺剑,李甜甜,等. 出行策略与行程时间不确定下的公交客流分配方法[J]. 交通运输系统工程与信息, 2018, 18(6): 117-124+139.

[195] 丁浩洋. 城市多模式公交网络快速构建与客流分配研究[D]. 南京: 东南大学, 2018.

[196] 狄迪, 杨东援. 基于人群分类的城市公交走廊客流分配模型[J]. 同济大学学报(自然科学版), 2016, 44(2): 235-241+275.

[197] 曾鹦, 李军, 朱晖. 面向换乘行为的城市公交客流分配及应用[J]. 系统管理学报, 2015, 24(1): 22-31.

[198] 曾鹦. 考虑乘客选择行为的城市公交客流分配及系统演化[D]. 成都: 西南交通大学, 2014.

[199] 张晓亮, 赵淑芝, 刘华胜, 等. 高峰时段公交客流分配的 Logit 模型改进[J]. 吉林大学学报(工学版), 2014, 44(6): 1616-1621.

[200] CHEON S H, LEE C, SHIN S. Data-driven stochastic transit assignment modeling using an automatic fare collection system [J]. Transportation Research Part C: Emerging Technologies, 2019, 98: 239-254.

[201] CHEUNG L L, SHALABY A S. System optimal re-routing transit assignment heuristic: a theoretical framework and large-scale case study[J]. International Journal of Transportation Science and Technology, 2017, 6(4): 287-300.

[202] CODINA E, ROSELL F. A heuristic method for a congested capacitated transit assignment model with strategies[J]. Transportation Research Part B: Methodological, 2017, 106: 293-320.

[203] CODINA E, ROSELL F. A stochastic congested strategy-based transit assignment model with hard capacity constraints[J]. Transportation Research Procedia, 2019, 37: 298-305.

[204] DU M, CUN D, CHEN A, et al. A weibit-based sequential transit assignment model based on hyperpath graph and generalized extreme value network representation[J]. Transportation Research Part C: Emerging Technologies, 2023, 151: 104142.

参考文献

[205] JIANG Y, CEDER A. Incorporating personalization and bounded rationality into stochastic transit assignment model[J]. Transportation Research Part C: Emerging Technologies, 2021, 127: 103127.

[206] JIANG Y, SZETO W Y. Reliability-based stochastic transit assignment: formulations and capacity paradox [J]. Transportation Research Part B: Methodological, 2016, 93: 181-206.

[207] KUMAR P, KHANI A. Schedule-based transit assignment with online bus arrival information[J]. Transportation Research Part C: Emerging Technologies, 2023, 155: 104282.

[208] NUZZOLO A, CRISALLI U, COMI A, et al. A mesoscopic transit assignment model including real-time predictive information on crowding [J]. Journal of Intelligent Transportation Systems, 2016, 20 (4): 316-333.

[209] OLIKER N, BEKHOR S. A frequency based transit assignment model that considers online information[J]. Transportation Research Part C: Emerging Technologies, 2018, 88: 17-30.

附 录

附录 A 调查问卷

尊敬的参与者：

您好！我们正在开展一项有关市民公交出行意愿的问卷调查，您的宝贵意见将为我们的研究给予极为重要的数据支持。在此，我们郑重承诺，本次调查会严格恪守匿名与保密准则，您所提供的一切信息都仅用于学术研究，我们确保您的回答不会给您带来任何负面效应。烦请您拨冗几分钟，依据实际情况填写问卷。您的参与对我们至关重要，再次诚挚地感谢您的支持与配合！

一、您的基本出行状况

1. 您是否有公交卡：□是　　□否
2. 您本次乘坐或打算乘坐哪一路： 您出发的起点站：＿＿＿＿＿＿＿＿　　您到达的终点站：＿＿＿＿＿＿＿ 如果中途不需要转车，请直接做第 3 题，如果需要，转哪一路：＿＿＿＿＿，转车站点是：＿＿＿＿＿＿＿＿＿
3. 您本次坐公交是去干什么：＿＿＿＿＿＿＿＿ □上下班或工作　　□上学或送子女上学　　□外出公务　　□回家　　□购物 □出游　　　　　　□探亲访友　　　　　　□临时办事　　□其他
4. 最近一个月，您坐公交主要是去干什么：（请选勾选您认为最重要的 3 项） □上下班或工作　　□上学或送子女上学　　□外出公务　　□回家　　□购物 □出游　　　　　　□探亲访友　　　　　　□临时办事　　□其他

附 录

> 5. 等公交车时，您会关注电子站牌信息（如××路距本站多少站）吗？
> □经常关注　　　　□偶尔关注　　　　　□很少关注
>
> 6. 您觉得电子站牌显示的"距离此站还有1站"大概是多长时间：
> □1分钟　　　　□2分钟　　　　□3分钟　　　　□4分钟
> □5分钟　　　　□5分钟以上
>
> 7. 您觉得您乘坐次数最多的公交车的发车间隔是多少分钟：
> □0～5分钟　　□6～10分钟　　□11～15分钟　　□16～20分钟
> □21～30分钟　□>30分钟
>
> 8. 您一般为等车预留的时间是多少分钟：
> □0～5分钟　　□6～10分钟　　□11～15分钟　　□16～20分钟
> □21～30分钟　□>30分钟
>
> 9. 下列因素可能会影响您进行线路选择，请按照您认为的重要程度从高到低排序：＿＿＿＿＿＿＿＿＿＿
> ① 是否需要换乘　② 站点是否有电子站牌信息显示　③ 线路绕行是否严重
> ④ 车内是否有座位　⑤ 车内无座的情况下站着是否觉得很拥挤
> ⑥ 票价高低

二、很多情况下会有多条线路可以选择（有些线路需要转车），下列因素可能会影响您做选择，请根据您的实际情况和个人偏好，在您认为最适合的答案里打"√"。

根据您的实际情况和个人偏好，在您认为最适合的答案里打"√"	非常同意	有点同意	说不清	有点不同意	非常不同意
1. 乘坐公交车时，您并不在意公交票价					
2. 是否需要转车会影响您的线路选择					
3. 转车次数的多少会影响您的线路选择					
4. 在必须转车的情况下，不能在下车站点转车，需要步行到附近其他站点转车，您会觉得厌烦					
5. 电子站牌信息让您心里有底，好提前做好打算赶哪趟车的准备					
6. 电子站牌信息对您估计等车时间有帮助					
7. 电子站牌信息对您打发和利用等车时间有帮助					

8. 电子站牌信息对减少您的感知等待时间有帮助					
9. 出行目的会影响您的线路选择					
10. 对时间要求越高的出行，越会影响您的线路选择					
11. 出行所需总时间的多少会影响您的线路选择					
12. 出行距离长短会影响您的线路选择					
13. 自己以前的乘车经历对您现在或今后乘车有帮助					
14. 您熟悉的其他人以前的乘车经历对您乘车有帮助					
15. 近期内公交出行经历的多少会对您的线路选择有影响					

三、出行意愿调查

1. 假设您现在面临一次时间很紧迫的出行（出行目的是上班），迟到就要受处罚，现有 A 和 B 两条线路可以选择，以下两种情况下，您会怎么选择？

① 由于全面修建高架、地铁，两条线路上的出行时间都会增加：A 线路一定会晚到 10 分钟；B 线路有时候会晚到 20 分钟，很多时候会准时到。这种情况下，您会选择哪条线路？　□A　□B

② 假设高架和地铁建设已完成，两条线路上的出行时间比目前都会减少：A 线路一定会早到 25 分钟；B 线路有时候会早到 10 分钟，很多时候会晚到 10 分钟。这种情况下，您会选择哪条线路？　□A　□B

2. 假设从出发地到目的地只有一条直达路径（线路 A）和需要转车的路径（首先搭乘线路 B，然后换乘线路 C），线路 A 虽能直达，但绕行较严重导致车内运行时间长，需要转车的路径虽需转车但车内运行时间短，两条路径的总体花费时间差不多，假设您现在面临以下 3 种情况，请结合您在第二部分第 5 题项至第 8 题项的回答情况进行选择。

① 电子站牌信息显示：线路 A 距本站 1 站，线路 B 距本站 1 站；您会选择哪条线路？□线路 A　□线路 B

② 电子站牌信息显示：线路 A 距本站 3 站，线路 B 距本站 1 站；您会

附 录

选择哪条线路？□线路 A □线路 B

③电子站牌信息显示：线路 A 距本站 5 站，线路 B 距本站 1 站；您会选择哪条线路？□线路 A □线路 B

四、您的个人情况

性别	□男 □女	学历	□高中及以下　□大专及本科 □硕士研究生及以上
年龄	□≤18 岁 □40～49 岁	□19～29 岁 □50～59 岁	□30～39 岁 □60 岁及以上
职业	□公务员 □学生	□企事业单位员 □自由职业者	□离退休人员 □其他
月平均收入	□2000 元以下 □5001～8000 元	□2001～3000 元 □8000 元以上	□3001～5000 元
平均每周早高峰 （6:00—9:00）搭乘公交次数	□平时很少坐公交 □3 次 □5 次以上	□1 次 □4 次	□2 次 □5 次

附录 B 公交线路号与矩阵行列序号对照

新编号	线路号	新编号	线路号	新编号	线路号	新编号	线路号
1	1	24	125	47	178	70	30
2	10	25	13	48	179	71	301
3	100	26	15	49	18	72	305
4	101	27	150	50	180	73	305Q
5	101A	28	151	51	181	74	306
6	102	29	152	52	182	75	309
7	104	30	153	53	184	76	31
8	106	31	154	54	187	77	311
9	108	32	155	55	19	78	32
10	109	33	156	56	198	79	32A
11	11	34	157	57	2	80	331
12	110	35	158	58	20	81	332
13	111	36	159	59	21	82	334
14	112	37	16	60	218	83	335
15	113	38	163	61	223	84	336
16	114	39	165	62	24	85	337
17	115	40	166	63	25	86	338
18	116	41	170	64	26	87	339
19	117	42	171	65	27	88	34
20	118	43	172	66	27A	89	340
21	119	44	173	67	28	90	341
22	12	45	176	68	298	91	342
23	122	46	177	69	3	92	343

附　录

续表

新编号	线路号	新编号	线路号	新编号	线路号	新编号	线路号
93	34A	117	503	141	58	165	78
94	35	118	504	142	59	166	79
95	36	119	51	143	59A	167	8
96	37	120	511	144	59F	168	80
97	38	121	512	145	6	169	80A
98	39	122	513	146	61	170	81
99	4	123	518	147	62	171	82
100	402	124	519	148	63	172	83
101	403	125	52	149	64	173	84
102	404	126	522	150	65	174	86
103	406	127	523	151	65H	175	88
104	412	128	52A	152	68	176	89
105	42	129	53	153	69	177	9
106	43	130	532	154	69A	178	902
107	45	131	533	155	7	179	91
108	47	132	535	156	70	180	92
109	48	133	537	157	70A	181	93
110	48A	134	54	158	71	182	93A
111	49	135	541	159	72	183	95
112	4FG	136	542	160	73	184	96
113	5	137	545	161	75	185	97
114	50	138	55	162	76	186	98
115	501	139	56	163	76A	187	98A
116	502	140	57	164	77	188	99

附录 C 数据分析代码

//----------------------与ewal学习算法相关的方法与属性----------------------
    void study();
    //经历权重
    void ucaseN();
    double valueNt;
    double valueNt1;
    //策略吸引值,策略r在此表示选中了线路lineIndex
    void ucaseA();
    double valueAt [Max_Line_Count];
    double valueAt1[Max_Line_Count];
    //每条线路上的耗时
    double timeOfLine[Max_Line_Count];
    //策略效用值
    double pi(int lineIndex);
    double piFactor(int lineIndex);
    //策略选择概率,在此表示选择线路lineIndex的概率
    void ucaseP();
    double valueP[Max_Line_Count];
    //指明选择概率的计算方式
    int probComputeMode;
    //电子站牌信息函数
    void ucaseM();
    double valueMt;
    double valueMt1;

附 录

```
        double ucaseMvalue;
        //V函数
        double ucaseV(double x);
        double ucaseVfactor;
        double rho   ;
        double phi   ;
        double delta;
        double omega ;
        //此因子可表示学习主体对效用差异的敏感程度
        double alpha;
private:
        //用于计算的ucaseP的一个因子
        double ucasePfactor(int lineIndex);
};
```

PassengerSet.h

```
// PassengerSet.h: interface for the PassengerSet class.
#if _MSC_VER > 1000
#pragma once
#endif // _MSC_VER > 1000
#include "Passenger.h"
#include <string>
using namespace std;
//乘客集合类
class PassengerSet
{
public:
        PassengerSet();
```

```cpp
    virtual ~PassengerSet();
    void reset();
    bool act(BusSet& bs);
    void study();
    //读取乘客的初始线路选择信息
    void loadFromFile(const string& fileName);
    //读取乘客的ewal参数值
    void loadEvalParasFromFile(const string& fileName);
    //输出文件的头部
    void exportFileHeader(const string& fileName);
    //输出乘客的线路选择信息
    void exportFile(const string& fileName);
    void showAllPassengers();
    void showPassengerStudyValue(int passengerIndex);
    void showPassengerStudyValueHeader();
public:
    int count;
    Passenger* passengers;
    int dayNumber;
};

#endif


Random.h
#pragma once
class Random
{
public:
```

附 录

　　Random(void);

　　~Random(void);

　　static void initial();

　　static double value(double range);

　　static int value(int rangeMin,int rangeMax);

};

SimBoard.h

#pragma once

#include "conf\\SimConst.h"

//存放与读取与仿真相关的全局信息的静态对象

class SimBoard

{

public:

　　SimBoard(void);

　　~SimBoard(void);

　　//每天的模拟起始时间,目前以分钟数计算

　　static int earliestTime ;

　　//每条线路的车辆平均速度

　　static double avgBusSpeed[Max_Line_Count];

　　//每条线路上的实际乘车人数，下标对应BusLineSet中的线路索引号lineIndex

　　static int passengerCountOfLine[Max_Line_Count];

　　static void resetPassengerCountOfLine()

　　{

　　　　for(int i = 0;i< Max_Line_Count ;i ++)

　　　　　　passengerCountOfLine[i]=0;

　　};

　　//刷新模拟器的最早起始时间

```
        static void refreshEarliestTime(int timeTick)
        {
            if (timeTick < earliestTime)
            {
                earliestTime = timeTick;
            }
        };
};
```

SimClock.h

```
// SimClock.h: interface for the SimClock class.
//

#if _MSC_VER > 1000
#pragma once
#endif // _MSC_VER > 1000
class SimClock
{
public:
    SimClock();
    virtual ~SimClock();
    static void reset();
    static void run();
public:
    static long tick;

};

#endif
```

附 录

SimConfig.h

// SimConfig.h: interface for the SimConfig class.

#if _MSC_VER > 1000

#pragma once

#endif // _MSC_VER > 1000

#include "Log.h"

#include <fstream>

using namespace std;

extern Log log;

class SimConfig

{

public:

  static int iterationCount;

  static int outputLogInfoMode ;

};

#endif

SimConst.h

// SimConst.h: 与系统相关的配置常数

#if _MSC_VER > 1000

#pragma once

#endif // _MSC_VER > 1000

//一天之内的分钟数

#define Minutes_Count_OneDay 24*60

//线路数目上限

#define Max_Line_Count 2

//车辆数目上限

```cpp
#define Max_Bus_Count 1000
//站点数目上限
#define Max_Station_Count 100
//线路上的站点数目上限
#define Max_Station_Count_On_Line 50
//最长的停车时间
#define Max_Stop_Time 1
//乘客人数上限
#define Max_Passenger_Count 10000
//输出日志文件的数量
#define Max_Log_File_Count 4
#endif
```

Simulator.h

```cpp
// Simulator.h: interface for the Simulator class.
#if _MSC_VER > 1000
#pragma once
#endif // _MSC_VER > 1000
#include "BusSet.h"
#include "PassengerSet.h"
enum SimStatus
{
    unknow,
    inRunOneDay,
    userBreaking,
    runOneDayOver,
    simOver
};
```

附 录

```cpp
class Simulator
{
public:
    Simulator();
    virtual ~Simulator();
    void initial();
    //模拟一天内的公交乘客的乘车情形
    enum SimStatus runOneDay();
    //模拟指定天数的公交乘客的乘车情形
    enum SimStatus run();
public:
    BusSet busSet;
    PassengerSet passengerSet;
    SimStatus status;
};

#endif
```

Station.h

```cpp
// Station.h: interface for the Station class.
#if _MSC_VER > 1000
#pragma once
#endif // _MSC_VER > 1000
#include <set>
#include "BusSet.h"
using namespace std;
typedef set<int> SetInt;
```

```cpp
//站点类
class Station
{
public:
    Station();
    Station(int i){};
    virtual ~Station();

    void busArrive(int busIndex);
    void busLeave(int busIndex);
    bool isBusAtStation(int busIndex);
    int  findBusByLineIndex(const BusSet& bs,int lineIndex);
    void showBusAtStation(const BusSet& bs);
public:
    string stationNo;
    string stationName;

    //站内车辆的索引号
    SetInt busIdxSet;
};

#endif
```

StationSet.h

```cpp
// StationSet.h: interface for the StationSet class.
#if _MSC_VER > 1000
#pragma once
```

附 录

```
#endif // _MSC_VER > 1000
#include "conf\\SimConst.h"
#include "BusSet.h"
#include "Station.h"
class StationSet
{
public:
    StationSet();
    virtual ~StationSet();
    static void loadFromFile(const string& fileName);
    static void reset();
    static void showAllStations();
    static void showAllStations(const BusSet& bs);
    static int getStationIndex(string stationNo);
    static string getStationNo(int stationIndex);
public:
    static int count ;

    //全部站点的集合
    static Station stations[Max_Station_Count];
};

#endif
```

Source Files

Bus.cpp

// Bus.cpp: implementation of the Bus class.

```cpp
#include "conf\\SimConst.h"
#include "SimClock.h"
#include "BusLineSet.h"
#include "StationSet.h"
#include "Bus.h"

// Construction/Destruction
Bus::Bus()
{
}

Bus::~Bus()
{
}
void Bus::reset()
{
    passengerNumber = 0;
    status = parking;
    lastStationSerialNumber = 0;
    runningTicks = 0;
    mileage = 0;
}
BusStatus Bus::run()
{
    if (status == parking)
    {
        //是否发车
        if (SimClock::tick >= startTime)
```

附 录

```
        {
            mileage = 0;
            lastStationSerialNumber = 0;
            //模拟从停车场进入首站的过程
            arriveStation();
            //由于在首发站也会有一个停车等待乘客上车的过程
            //所以车辆的行驶里程在首站停车时也还是0，而不是行驶了一
段时间之后的里程
            //分析车辆的行为时要注意这一点
            status = stopped;
            stoppedTime = 0;
        }
    }

    if (status == runing)
    {
        runningTicks++;
        //速度单位是千米/tick,目前tick=分钟
        mileage += speed;
        //是否要进站
        double accLength = BusLineSet::lines[lineIndex].accumulateLength
(lastStationSerialNumber + 1);
        if(mileage >= accLength)
        {
            lastStationSerialNumber++;
            //修正实际行驶里程
            mileage = accLength;
            arriveStation();
```

//是否已到终点站
if (lastStationSerialNumber + 1 >= BusLineSet::lines[lineIndex].stationCount)
            {
                status = endStop;
            }
            else
            {
                status = stopped;
                stoppedTime = 0;
            }
        }

    if (status == stopped)
    {
        stoppedTime++;
        //是否要离站
        if(stoppedTime > Max_Stop_Time)
        {
        leaveStation();
            status = runing;
        }

    }
    return status;
}

附 录

```cpp
//上车
bool Bus::getOn()
{
    if(passengerNumber < safetyCapacity)
    {
        ++passengerNumber;
        return true;
    }
    else
    {
        return false;
    }
}
//不顾条件地挤上车
void Bus::getOnArbitrarily()
{
    ++passengerNumber;
}

//下车
void Bus::getOff()
{
    if(passengerNumber> 0)
    {
        --passengerNumber;
    }
}
```

//取得车辆当前最新经过的站点的索引号
```cpp
int Bus::getLastStationIndex()
{
    return BusLineSet::lines[lineIndex].stationIndexOfLine[lastStationSerialNumber];
}
```

//进入当前站点
```cpp
void Bus::arriveStation()
{
    int lastIdx = getLastStationIndex();
    StationSet::stations[lastIdx]. busArrive(busIndex);
}
```

//离开当前站点
```cpp
void Bus::leaveStation()
{
    int lastIdx = getLastStationIndex();
    StationSet::stations[lastIdx].busLeave(busIndex);
}
```

BusSet.cpp
```cpp
// BusSet.cpp: implementation of the BusSet class.
#include "SimConfig.h"
#include <string>
#include <iostream>
#include <fstream>
```

附 录

```cpp
#include <sstream>
#include "BusSet.h"
#include "SimBoard.h"
#include "BusLineSet.h"
// Construction/Destruction
using namespace std;
BusSet::BusSet()
{
    count = 0;
    buses =new Bus[Max_Bus_Count];
}
BusSet::~BusSet()
{
    delete[] buses;
}
//重置车辆集
void BusSet::reset()
{
    endCount = 0;
    for(int i=0;i<count;i++)
    {
        buses[i].reset() ;
    }
}

double BusSet::averageSpeed(int lineIndex)
{
    double speedSum = 0;
```

```
        int speedCnt = 0;
        for(int i=0;i<count;i++)
        {
            if (buses[i].lineIndex == lineIndex )
            {
                speedSum += buses[i].speed ;
                speedCnt ++;
            };
        }

        if (speedCnt > 0)
        {
            return speedSum / speedCnt;
        }
        else
        {
            return 0;
        }

}


//显示所有的车辆信息
void BusSet::showAllBuses()
{
    for(int i= 0;i<count;i++)
    {
        log.o[0]<<"busNo : "<<buses[i].busNo<<" LineNo :
```

附 录

```
"<<BusLineSet::getLineNo(buses[i].lineIndex) <<" startTime : "<<buses[i].startTime ;
            log.o[0]<<" speed : "<<buses[i].speed <<" runningTicks : "<<buses[i].runningTicks <<" mileAge : "<<buses[i].mileage<<" status :"<<buses[i].status    ;
            log.o[0]<<" lastStationSerialNumber : "<< buses[i].lastStationSerialNumber<<" peopleNum : "<<buses[i].passengerNumber<<endl;
        }
        log.o[0]<<endl;
}

//读取每辆车的发车时间(以分钟为单位),文件格式：线路号  发车时间
void BusSet::loadFromFile(const string& fileName)
{
    cout<<"Loading buses info after loading busLines info !!!"<<endl;

    ifstream infile(fileName.c_str());
    if(!infile)
    {
        cout<<"File "<<fileName<<" cannot be opened."<<endl;
        return ;
    }
    count = 0;
    string lineNo;
    while(   infile>>lineNo)
    {
        buses[count].lineIndex = BusLineSet::getLineIndex(lineNo);
```

```
            infile>>buses[count].startTime;
            SimBoard::refreshEarliestTime(buses[count].startTime);
            infile>>buses[count].speed ;
            infile>>buses[count].safetyCapacity ;
            ostringstream ostr;
            ostr<<count+1;
            buses[count].busNo = ostr.str();
            buses[count].busIndex = count;
            count++;
        }

        infile.close();

        //计算每条线路的车辆平均速度，并放入全局对象
        for(int i = 0;i< BusLineSet::count ;i++)
        {
            SimBoard::avgBusSpeed[i] = averageSpeed(i);
        }



}



bool BusSet::run()
{
    for(int i= 0;i<count;i++)
    {
        {
```

附 录

```
            if (buses[i].status != endStop && buses[i].status != endCounted)
            {
                buses[i].run();
            }
            if (buses[i].status == endStop )
            {
                endCount++;
                buses[i].status = endCounted;
            }
        }

        //如果全部车辆都已到终点站
        if(endCount >= count)
        {
            return false;
        }
        else
        {
            return true;
        }
    }
```

BusLine.cpp

```
// BusLine.cpp: implementation of the BusLine class.
#include <iostream>
#include <fstream>
```

```cpp
#include "BusLine.h"
// Construction/Destruction
BusLine::BusLine()
{
}

BusLine::BusLine(int i)
{
}
BusLine::BusLine(string lineNo)
{
    this->lineNo = lineNo;
}
BusLine::~BusLine()
{
}
int BusLine::getStationSerialNumber(int stationIndex)
{
    for(int i = 0;i< stationCount;i++)
    {
        if(stationIndexOfLine[i] == stationIndex )
            return i;
    }
    return -1;
}

double BusLine::accumulateLength(int stationSerialNumber)
{
```

附 录

```
    double sum = 0;
    for(int i=0;i<stationSerialNumber;i++)
    {
        sum += segmentLength[i];
    }
    return sum;
}

double BusLine::distance(int startStationIndex,int terminalStationIndex)
{
    double d1 = accumulateLength(getStationSerialNumber(startStationIndex));
    double d2 = accumulateLength(getStationSerialNumber(terminalStationIndex));
    return d2 - d1 ;
}
```

附录 D 相关政策与法规概述

城市公交是城市交通运输体系的重要组成部分，其发展水平直接影响到城市居民的出行体验和城市的可持续发展。近年来，随着国家对公共交通发展的高度重视，一系列旨在促进城市公交优先发展和提升城市公共交通服务品质等的政策和法规相继出台，旨在规范、指导和促进城市公共交通的健康、有序和高效发展。这些政策和法规的汇编和实施，不仅为城市公共交通的发展提供了有力的政策和法治保障，也为公交企业改进服务、提高服务质量提供了明确的方向和指引，以下是一些相关政策和法规的概述。

一、国家关于推动城市公共交通优先发展的相关政策与法规

城市公共交通在缓解交通拥堵、减少环境污染、提高出行效率等方面发挥着越来越重要的作用。为推动城市公共交通的优先发展，国家制定了一系列政策和法规，体现了国家对城市公共交通优先发展的高度重视和坚定决心。

1. 国家关于促进城市公共交通优先发展的相关政策

（1）加大政府投入：鼓励各级政府将公共交通发展资金纳入公共财政体系，通过税收优惠、成品油价格补贴等方式支持城市公共交通企业。

（2）拓宽投资渠道：吸引和鼓励社会资金参与公共交通基础设施建设和运营，通过特许经营、战略投资、信托投资、股权融资等多种形式实现投资多元化。

（3）保障公交路权优先：增加划设城市公共交通优先车道，扩大信号优先范围，确保公交车辆在道路使用上的优先权。

（4）推动新能源公共交通发展：鼓励使用新能源公交车辆，减少污染物排放，推动城市公共交通绿色低碳发展。

2. 国家关于促进城市公共交通优先发展的相关法规

（1）《公共交通优先车道管理办法》：规范公共交通优先车道的设置、使用和管理，保障公交车辆在优先车道上的顺畅行驶。

（2）《公共交通服务质量评价标准》：构建服务质量评价指标体系，对公共交通服务进行定期评价，提高公共交通的服务水平。

（3）《公共交通安全管理规定》：加强公共交通安全管理，规范技术和产品标准，确保公共交通运营安全。

（4）《公共交通重大决策程序规范》：规范公共交通重大决策的程序和要求，保障决策的科学性和民主性。

（5）《运营成本和服务质量信息公开制度》：要求公交企业公开运营成本和服务质量信息，增强公交服务的透明度和可监督性。

（6）《公交专用道使用监管办法》：规范公交专用道的使用和管理，保障公交专用道的合理使用和效率。

（7）《城市公共交通条例》：这是一部关于城市公共交通的综合性法规，涵盖了规划、建设、运营、管理等多个方面。该条例旨在通过法治化手段推动城市公共交通的健康发展，保障公众出行权益。明确了城市公共交通的地位、作用和发展方向，规范城市公共交通的规划、建设、运营和管理，确保公共交通的优先发展。

（8）《国务院关于城市优先发展公共交通的指导意见》：该意见明确了城市公共交通优先发展的总体要求、主要任务和保障措施。其中强调了公共交通在城市交通中的主体地位，提出了加大政府投入、拓宽投资渠道、保障公交路权优先等具体措施。

（9）《关于进一步加强城市轨道交通规划建设管理的意见》：针对城市轨道交通的规划建设管理，该意见提出要坚持"量力而行、有序推进，因地制宜、经济适用，衔接协调、集约高效，严控风险、持续发展"的原则，并提出了一系列具体要求和管理措施。

二、国家关于提升城市公共交通服务品质的相关政策与法规

为了回应公众对高质量出行体验的需求，国家发布了一系列旨在提升

城市公共交通服务品质的政策与法规。这些举措致力于改善公共交通设施、优化运营服务、推广智能化技术应用，并加强行业监管，为城市居民提供更加便捷、安全、舒适的出行服务。

1. 国家关于提升城市公共交通服务品质的相关政策

（1）服务质量提升政策：鼓励公共交通企业提升服务质量，包括优化线路规划、增加班次密度、改善车辆设施等，以满足公众出行需求。

（2）智能化技术应用推广政策：支持公共交通系统引入智能化技术，如电子站牌、移动支付、智能调度等，提升服务效率和乘客体验。

（3）行业监管强化政策：加强对公共交通行业的监管，确保服务标准达标，及时处理投诉和纠纷，保障乘客权益。

2. 国家关于提升城市公共交通服务品质的相关法规

（1）《交通强国建设纲要》：此纲要明确提出了建设交通强国的总体要求、主要任务和重大工程。其中，提升城市公共交通服务品质是其中的重要内容之一，包括推动公共交通智能化、绿色化、便捷化等。

（2）《关于推动城市公共交通高质量发展的指导意见》：该意见旨在通过一系列措施推动城市公共交通的高质量发展，包括优化公交线网、提升公交车辆和设施水平、提高公交运营效率和服务质量等。

（3）《城市公共交通服务质量评价办法》：此办法建立了城市公共交通服务质量的评价体系，对公交企业的服务质量进行定期评价，以促进公交企业不断提升服务品质。

（4）《城市公共交通乘客满意度测评办法》：该办法通过乘客满意度测评，了解公众对城市公共交通服务的评价和需求，为公交企业改进服务提供依据。

（5）《关于进一步加强城市公共交通安全管理的指导意见》：为了提升城市公共交通的安全管理水平，该意见提出了一系列加强安全管理的措施，包括完善安全管理制度、加强安全教育培训、强化安全检查等。

（6）《关于加快推广绿色出行方式的指导意见》：为了促进绿色出行方式的推广，该意见提出了一系列支持政策和措施，包括鼓励使用公共交通、

附 录

鼓励共享单车和步行等绿色出行方式、推动新能源和清洁能源汽车在城市公共交通中的应用等。

（7）《城市公共交通服务质量评价规范》：规定了对城市公共交通服务质量的评价标准和程序，确保服务水平的持续提升。

（8）《公共交通设施建设和维护管理条例》：明确了公共交通设施的建设、维护和管理要求，保障设施的安全和可用性。

（9）《公共交通乘客权益保护规定》：规定了乘客的基本权益，如安全出行、服务信息知情权、投诉权等，并明确了违规行为的处罚措施。

三、国家关于推进城市公共交通绿色发展的相关政策与法规汇编

随着全球气候变化和环境问题日益严峻，绿色发展已成为全球共识。为了响应这一趋势，国家积极推动城市公共交通的绿色发展，旨在通过减少能源消耗、降低污染物排放、提高运营效率等措施，实现公共交通的可持续发展。

1. 国家关于推进城市公共交通绿色发展的相关政策

（1）新能源公交推广政策：鼓励和支持城市公共交通系统采用新能源和清洁能源公交车辆，如电动公交车、氢燃料公交车等，减少化石燃料的消耗和污染物排放。

（2）绿色出行激励政策：对选择公共交通出行的乘客给予一定的票价优惠、乘车补贴等激励措施，提高公共交通的吸引力，促进绿色出行。

（3）公共交通设施绿色化政策：推动公共交通设施的建设和改造符合绿色、环保标准，如建设绿色公交场站、推广节能型公交车辆等。

2. 国家关于推进城市公共交通绿色发展的相关法规

（1）《交通强国建设纲要》：该文件提出了建设交通强国的总体要求、主要任务和重大举措，其中也包括了城市公共交通的绿色发展和低碳转型。

（2）《关于加快推进公共交通领域新能源汽车推广应用的实施意见》：这个文件强调了公共交通领域新能源汽车推广应用的重要性，并提出了具

体的目标和措施。

（3）《关于加快新能源和清洁能源汽车推广应用的意见》：为了推动新能源和清洁能源汽车在公共交通领域的应用，该意见提出了一系列支持政策和措施，包括财政补贴、税收优惠、基础设施建设等。

（4）《新能源汽车产业发展规划（2021—2035年）》：该文件明确了新能源汽车产业的发展目标和重点任务，为城市公共交通的新能源化提供了政策支持。

（5）《新能源汽车推广应用推荐车型目录》：明确新能源汽车的技术标准和推广应用要求，推动新能源汽车在城市公共交通领域的广泛应用。

（6）《公共交通绿色出行行动计划》：制定公共交通绿色出行的发展目标、重点任务和保障措施，推动公共交通的绿色发展。

（7）《公共交通环保标准》：规定公共交通车辆的排放标准、能耗标准等环保要求，确保公共交通的绿色发展符合国家标准和法规。

（8）《关于深入开展公共交通治理城市交通拥堵有关工作的通知》：该文件要求各地深入开展公共交通治理城市交通拥堵工作，通过优化公共交通服务、提高公共交通出行比例等措施，缓解城市交通拥堵问题。

后 记

在开展本书撰写工作时，我深刻体会到城市公共交通客流分配问题的复杂性和挑战性。乘客出行决策受多种因素影响，而这些因素之间又相互关联、相互作用，使得客流分配问题变得异常复杂。尽管如此，我始终坚信，通过深入研究乘客的行为决策过程，一定会找到优化客流分配的有效途径。本书正是基于这一信念而展开的探索和研究，是成都市社会科学院院级科研项目资助的研究成果，也是四川省哲学社会科学基金一般项目（SCJJ23ND212）的阶段性研究成果。

在本书创作过程中，遇到了诸多难题。公共交通系统的复杂性、乘客出行行为的多样性以及数据获取的困难，使得研究之旅充满了未知与变数。然而，正是这些挑战点燃了我深入探究的热情与决心。回顾整个研究过程，我感到无比荣幸。感谢众多同行与专家的帮助，特别是我的导师李军教授和陈蛇研究员，他们的宝贵建议使本书的内容更加丰富和深刻。在此，向他们致以最真挚的感谢。同时，我要感谢我的家人与朋友，他们的支持与鼓励是我坚持研究的动力之源，没有他们的陪伴与支持，这本书不可能完成。还要特别感谢西南交通大学出版社，尤其是周杨编辑在本书出版过程中给予的支持与帮助，才使本书得以顺利面世。

本书不仅是多年研究的总结，更是未来研究路径的展望，旨在从行为视角重新阐释城市公共交通客流分配问题，探寻其演变规律及其在现实中的应用。希望它能够引起更多学者与实践者对城市公共交通客流分配问题的关注，从行为视角探索新的途径和策略。期待更多同行深入交流、协同

后　记

合作，共同推动这一领域的进步。我将持续关注城市公共交通客流分配问题的前沿动态与实践进展，不断对本书进行更新和完善，积极探索新的研究方向与方法，力求在公共交通领域贡献更多力量。

城市公共交通的客流分配问题一直是备受关注的话题，并随着城市的发展而持续变迁。通过行为学视角进行深入探究，将有助于我们更好地理解和解决这一问题。展望未来，我们期待在相关研究领域取得更多突破与进展，促进城市公共交通系统的优化与进步。

最后，让我们一同憧憬更为便捷、高效、绿色的城市公共交通未来！

曾　鹦

2024 年 2 月 29 日